야생화 자수 2
여름·가을에 볼 수 있는 우리 꽃

느리게 만드는
특별한 이야기
05

야생화 자수 2
여름·가을에 볼 수 있는 우리 꽃

| 김종희 지음 |

팜파스

PROLOGUE

우리 꽃을 보기 위한 여정은 늘 고단했지만
깊은 산 속에서 홀로 피어 있는 우리 꽃을 만났을 때
벅차오르는 감동은 아주 잠시였을 뿐,
산행을 시작하며 품었던 제 욕심이 한없이 부끄러워
언제나 마음 한 구석이 뭉클하고 숙연해졌습니다.

지금도 풀 숲, 돌 틈 어딘가에서
힘차게 연둣빛 새순을 올리고 있을 소박한 우리 꽃.

이 책은 계절이 바뀌고 또 바뀌어도
늘 우리 땅에서 아름답게 피어나 우리 곁에 머무는
여름과 가을에 볼 수 있는 우리 꽃을 담았습니다.

이제 고단한 마음을 잠시 내려놓고
우리 꽃이 전하는 향긋한 숲의 기운을 느끼며
행복한 시간을 가져보시길 바랍니다.

끝으로,
늘 믿고 후원해주시는 이진아 실장님께
다시 한 번 감사의 마음을 전합니다.

김종희

CONTENTS

PROLOGUE • 5
이 책에 담긴 우리 꽃 • 30

PART 2
여름·가을에 볼 수 있는 우리 꽃

Flower 01
말나리 • 48

Flower 02
홍도까치수영 • 52

Flower 03
산비장이 • 56

Flower 04
두메부추 • 60

Flower 05
진퍼리잔대 • 64

Flower 06
분홍바늘꽃 • 68

Flower 07
산구절초 • 72

Flower 08
두메고들빼기 • 76

Flower 09
둥근잎꿩의비름 • 80

Flower 10
벌개미취 • 84

PART 1
야생화 자수를 놓다

이 책에 쓰인 재료와 도구 • 40
이 책에 쓰인 스티치 • 41
야생화 자수 예쁘게 수놓는 법 • 42
자수의 시작과 마무리 • 44
일러두기 • 45
이 책에 쓰인 자수실 번호 • 45

수를 놓다 바라보다

Flower 11
솔체꽃 • 90

Flower 12
왜솜다리 • 94

Flower 13
패랭이꽃 • 98

Flower 14
해당화 • 102

Flower 15
용담 • 106

Flower 16
노루오줌 • 110

Flower 17
미역취 • 114

Flower 18
범부채 • 118

Flower 19
꽃창포 • 122

Flower 20
산수국 • 126

Flower 21
원추리 • 132

Flower 22
돌가시나무 • 136

Flower 23
둥근이질풀 • 140

Flower 24
개미취 • 144

Flower 25
버들분취 • 148

Flower 26
금불초 • 154

Flower 27
까치수영 • 158

Flower 28
수리취 • 162

Flower 29
톱풀 • 166

Flower 30
포천구절초 • 170

수를 놓다 거닐다

수를 놓다 머물다

우리 꽃 여행을 마치며 • 178

이 책에 담긴 우리 꽃 30

Flower 01
말나리

Flower 02
홍도까치수영

Flower 03
산비장이

Flower 04

두메부추

Flower 05
진퍼리잔대

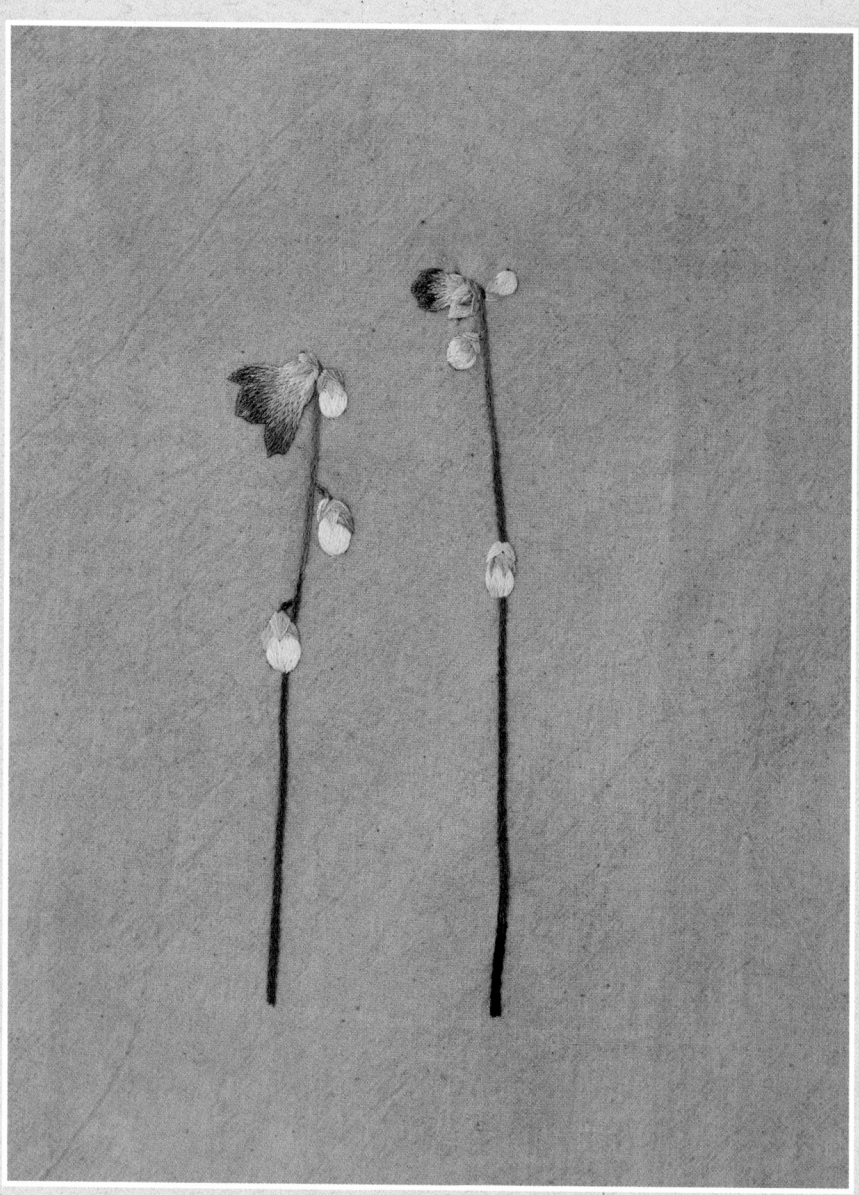

Flower 06
분홍바늘꽃

Flower 07
산구절초

Flower 08
두메고들빼기

Flower 09
둥근잎꿩의비름

Flower 10
벌개미취

벌개미취

Flower 11
솔체꽃

Flower 12
왜솜다리

Flower 13
패랭이꽃

Flower 14
해당화

Flower 15
용담

Flower 16
노루오줌

Flower 17
미역취

Flower 18
범부채

Flower 19
꽃창포

Flower 20
산수국

Flower 21
원추리

Flower 22
돌가시나무

Flower 23
둥근이질풀

Flower 24
개미취

Flower 25
버들분취

Flower 26
금불초

Flower 27
까치수영

Flower 28
수리취

Flower 29
톱풀

Flower 30
포천구절초

PART 1
야생화
자수를
놓다

이 책에 쓰인 재료와 도구

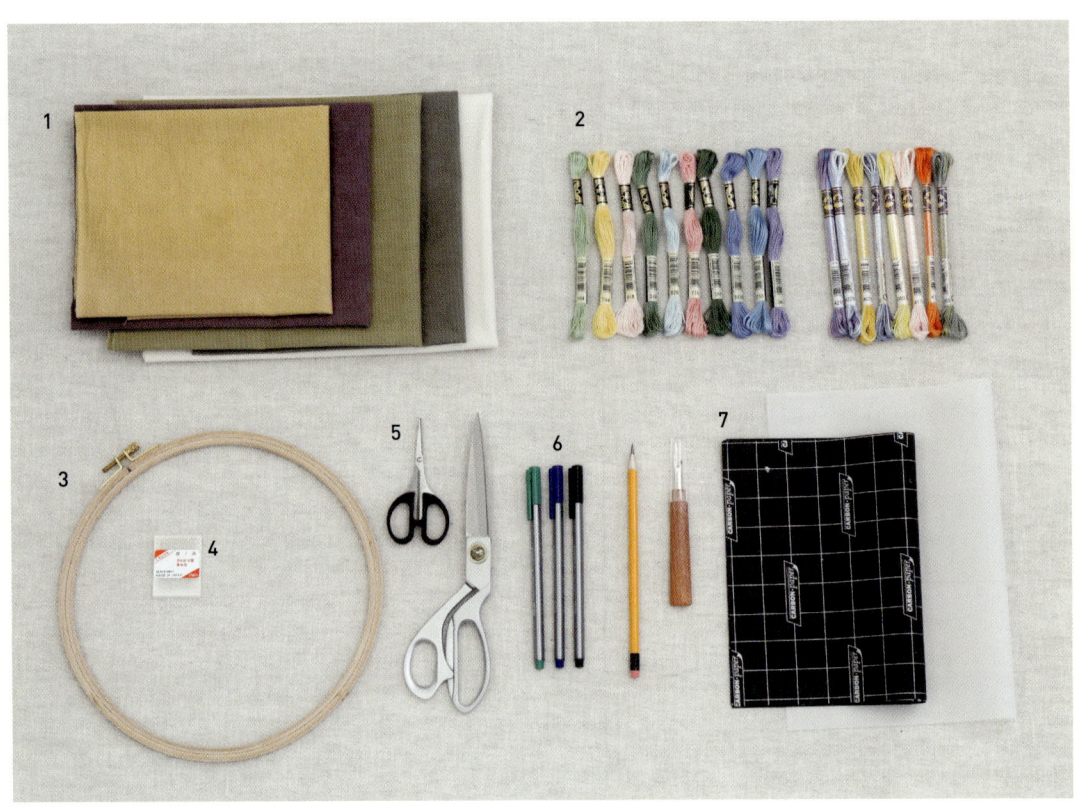

1 **바탕천** 광목(일반, 천연염색)
2 **실** 십자수실(DMC 25면사, DMC 베리에이션사)
3 **수틀** 지름 25cm 나무수틀
4 **바늘** 자수용 바늘(6호)
5 **가위** 자수용, 재단용 가위
6 **펜** 색볼펜, 연필
7 **그 외** 복사지, 실뜯개

이 책에 쓰인 스티치

1. 롱앤숏 스티치 잎, 꽃, 꽃받침

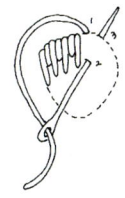
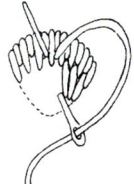

2. 블리온 스티치 꽃술

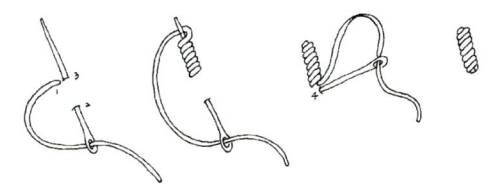

3. 새틴 스티치 잎, 꽃, 꽃봉오리, 꽃받침

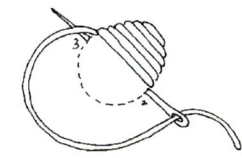

4. 스트레이트 스티치 잎, 꽃, 꽃봉오리, 꽃술

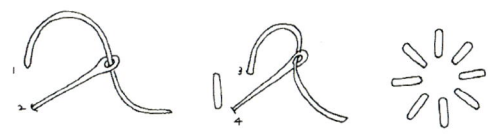

5. 시딩 스티치 꽃, 꽃술

6. 아웃라인 스티치 줄기, 잎, 꽃, 꽃술, 잎맥, 열매

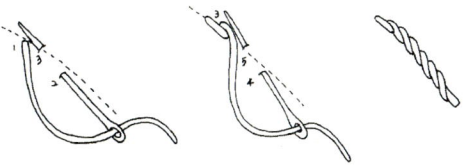

7. 크로스 스티치 꽃술

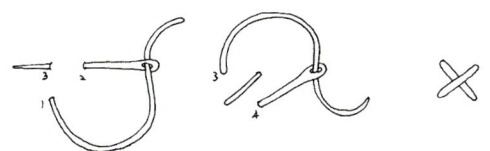

8. 프렌치넛 스티치 꽃봉오리, 꽃술

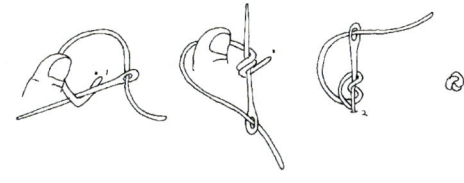

야생화 자수 예쁘게 수놓는 법

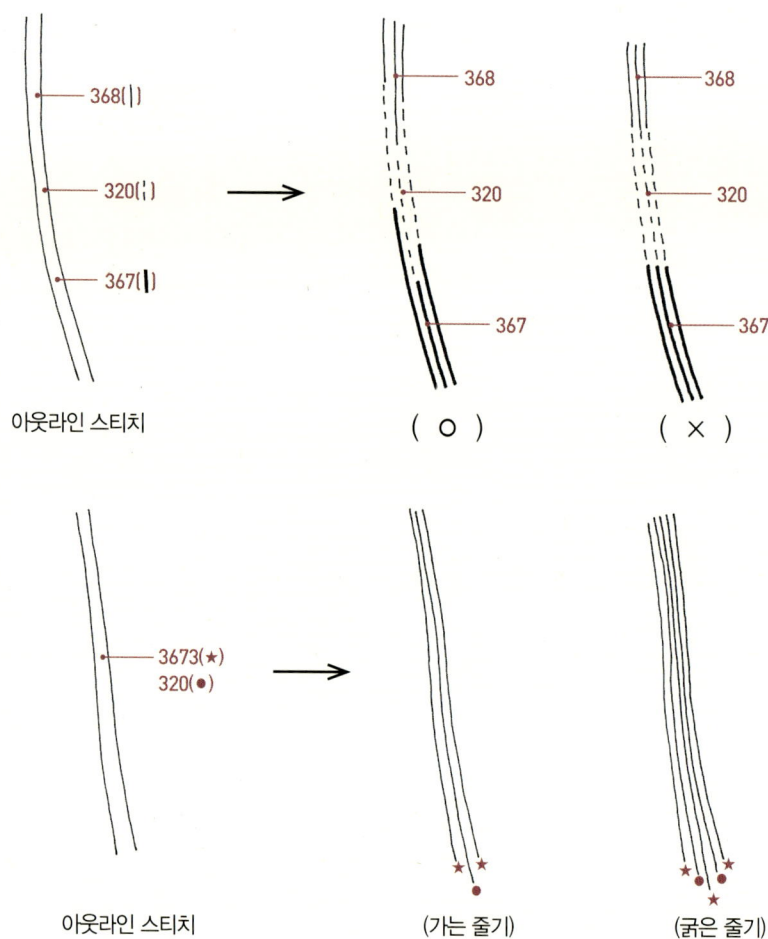

꽃 · 꽃술

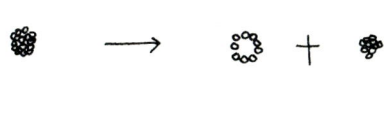
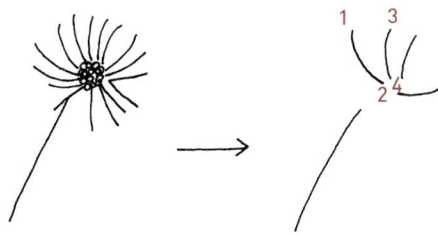

잎

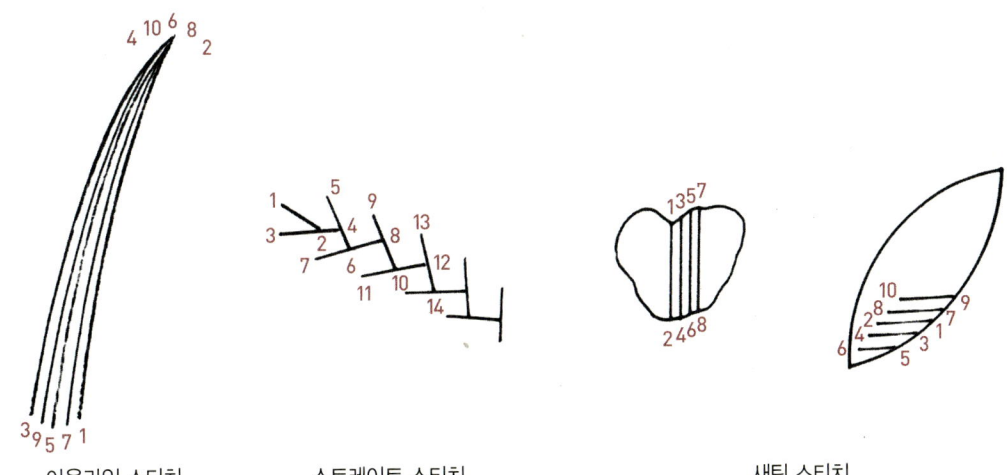

아웃라인 스티치　　스트레이트 스티치　　새틴 스티치

* 자수 책에 나와 있는 실 번호대로 수를 놓으면 자연스러운 야생화 자수를 놓을 수 있습니다.
* 기초 자수법 설명 및 자수 관련 Tip은 네이버 카페 '한국야생화자수연구소'에 자세히 소개되어 있습니다.

자수의 시작과 마무리

선

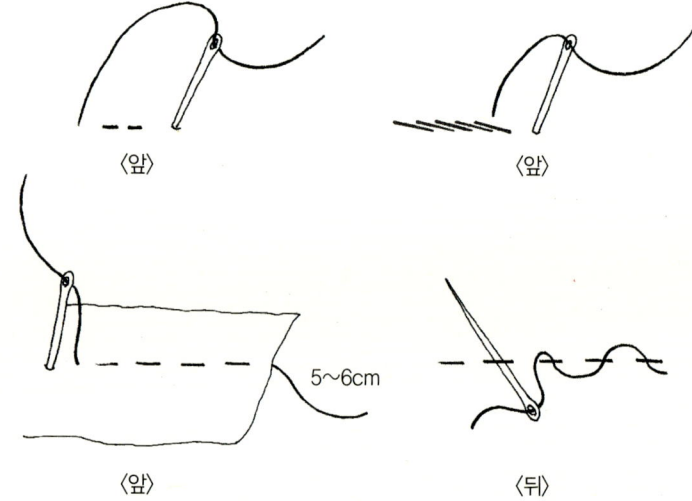

면

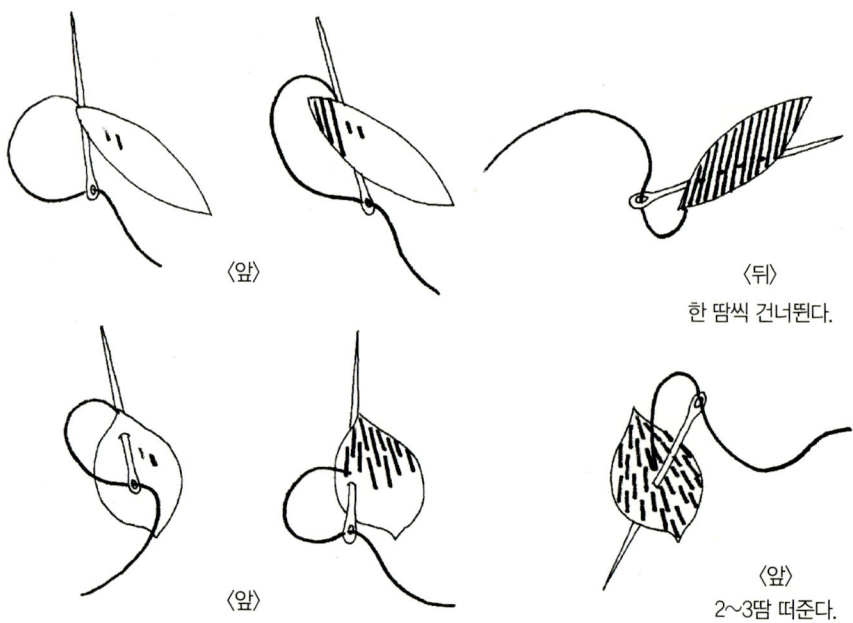

일러두기

- 이 책에 담긴 야생화 자수는 1겹으로 수놓았으며 2겹 이상으로 해야 될 부분은 별도 표기하였습니다.

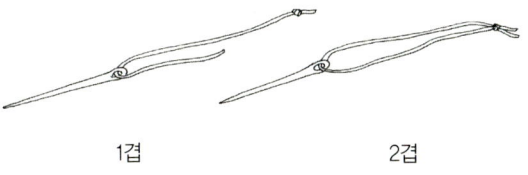

1겹　　　　　　　　2겹

- 이 책에 담긴 야생화 자수의 바탕천은 모두 광목(16수, 20수)을 사용했으며 개인의 취향에 따라 바탕천의 소재나 색깔을 다르게 선택해서 사용하세요.

※이 책에 담긴 야생화 자수는 모두 작가가 살아있는 우리 꽃을 수집해 수놓았으며 독자의 이해를 돕기 위해 야생화 사진도 함께 소개하였습니다.

※이 책은 우리나라의 숲속과 들녘에 자생하는 야생화 중 여름·가을에 볼 수 있는 30종의 우리나라 야생화를 소개하였으며 꽃이 피는 시기와는 별도로 작가의 의도에 따라 구성하여 실었습니다.

이 책에 쓰인 자수실 번호

(DMC 25번사)
151 153 154 155 156 157 159 161 163 164 165 168 209 210 211
223 315 316 320 333 340 341 349 350 351 367 368 369 402 407
451 452 453 469 501 502 503 504 520 522 523 524 552 553 554
600 604 605 613 640 642 645 646 676 677 720 721 722 726 727
728 729 738 742 743 744 746 760 761 762 772 777 779 783 792
838 839 913 922 928 934 935 936 962 963 966 976 977 987 988
989 3021 3022 3024 3031 3033 3041 3042 3047 3051 3052 3053
3346 3347 3348 3350 3354 3362 3363 3364 3607 3608 3609 3687
3688 3689 3713 3716 3722 3726 3727 3731 3733 3740 3743 3746
3747 3753 3771 3772 3774 3776 3781 3787 3802 3816 3817 3820
3821 3822 3823 3825 3826 3827 3834 3835 3836 3838 3839 3852
3853 3854 3855 3856 3859 3860 3861 3863 3865 3866

(DMC 베리에이션사)
4010 4015 4045 4065 4075 4080 4124 4145 4170 4215 4220 4235
(총 172개)

PART 2

여름·가을에
볼 수 있는
우리 꽃

Flower 01
말나리

실물도안

How to Stitch

수놓는 순서

1. 줄기 : 아웃라인 스티치
2. 잎 : 롱앤숏 스티치
3. 꽃봉오리 : 롱앤숏 스티치
4. 꽃술
 - 수술대, 수술 : 아웃라인 스티치
 - 암술대 : 아웃라인 스티치
 - 암술 : 블리온 스티치(4겹, 4회 감기)
5. 꽃 : 롱앤숏 스티치
6. 반점 : 시딩 스티치(4겹)

실 번호

164, 320, 349, 350, 351, 367, 502, 522, 720, 721, 722, 922, 934, 3031, 3052, 3053, 3346, 3362, 3363, 3825, 3853, 3856

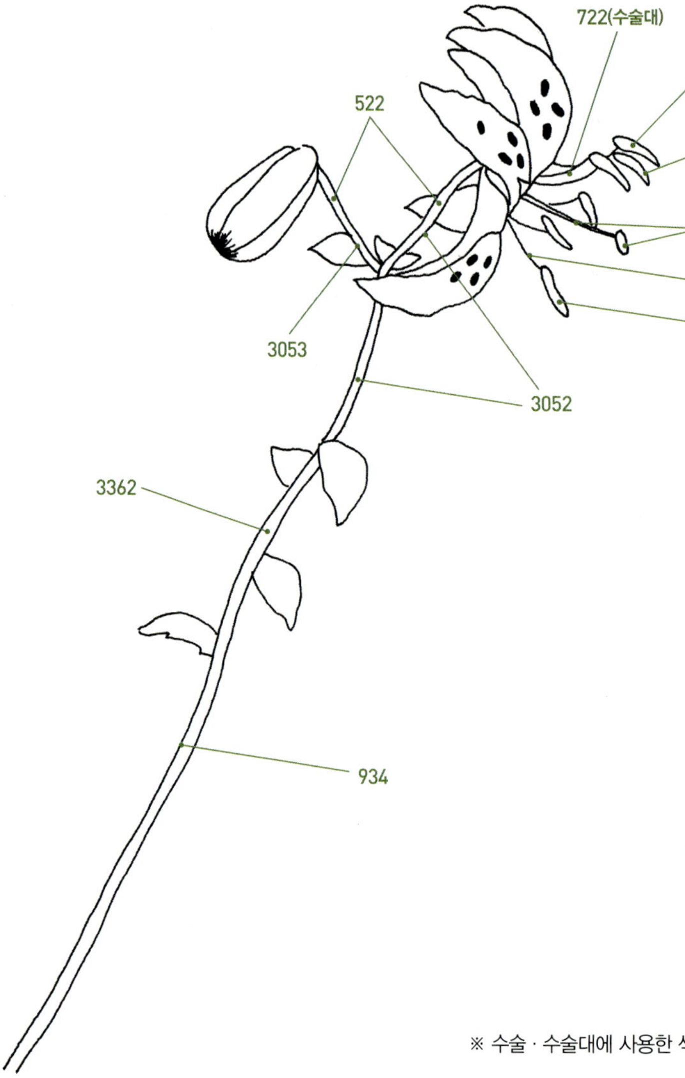

※ 수술 · 수술대에 사용한 색깔로 나머지 수술 · 수술대를 수놓는다.

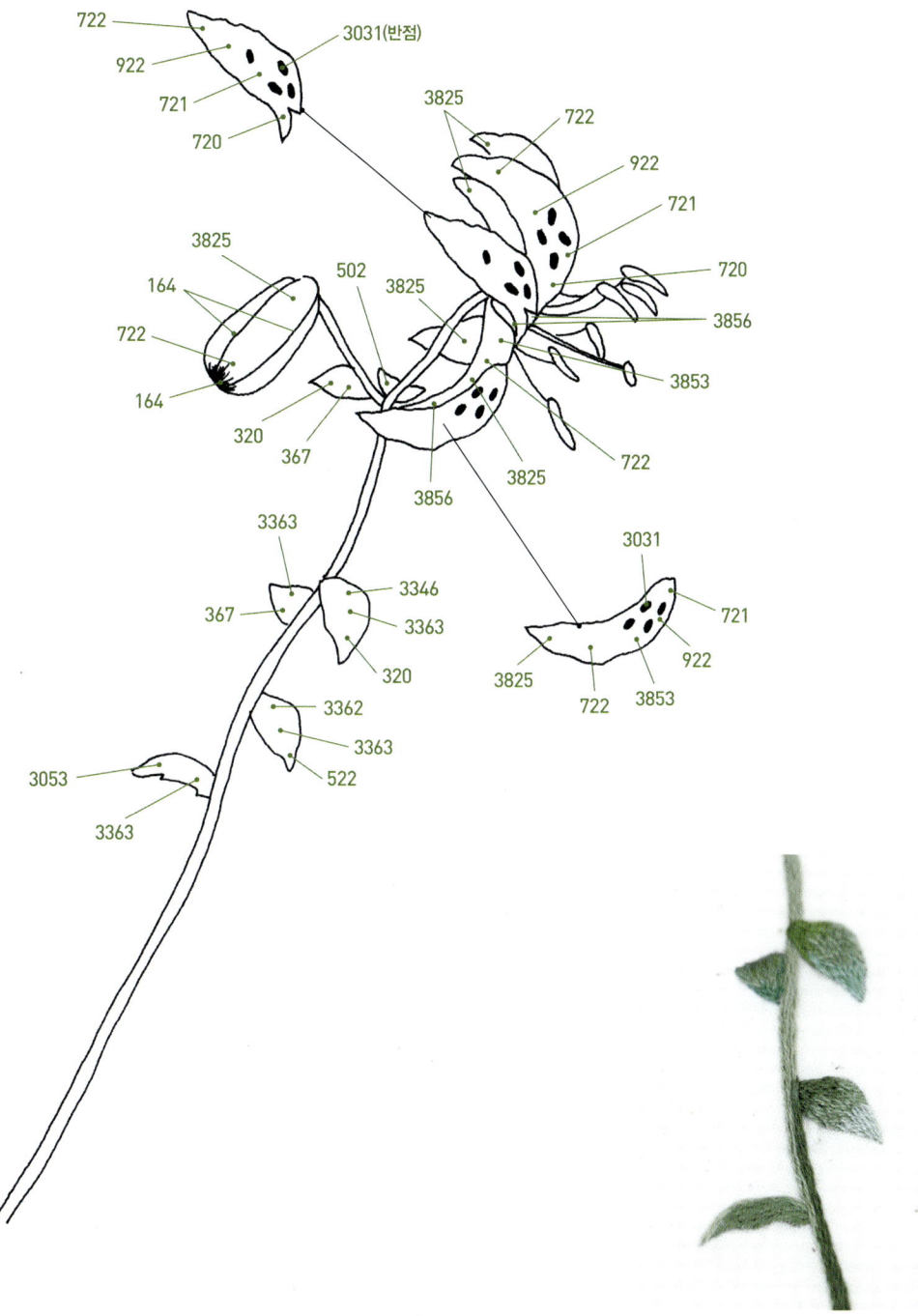

Flower 02
홍도까치수영

실물 도안

How to Stitch

수놓는 순서

1. 줄기 : 아웃라인 스티치
2. 가지 : 아웃라인 스티치
3. 잎 : 아웃라인 스티치
4. 꽃 : 스트레이트 스티치(4겹)
5. 꽃술 : 프렌치넛 스티치(2겹, 2회 감기)
6. 꽃봉오리 : 시딩 스티치(4겹)

실 번호

320, 368, 407, 451, 522, 523, 772, 779, 839, 3021, 3041, 3052, 3346, 3347, 3362, 3363, 3772, 3781, 3860, 3866

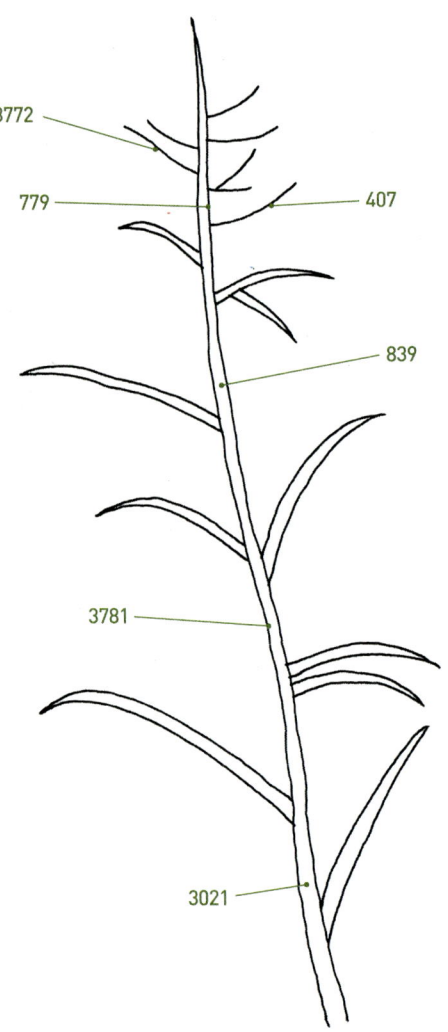

※ 가지에 사용한 색깔로 나머지 가지를 수놓는다.

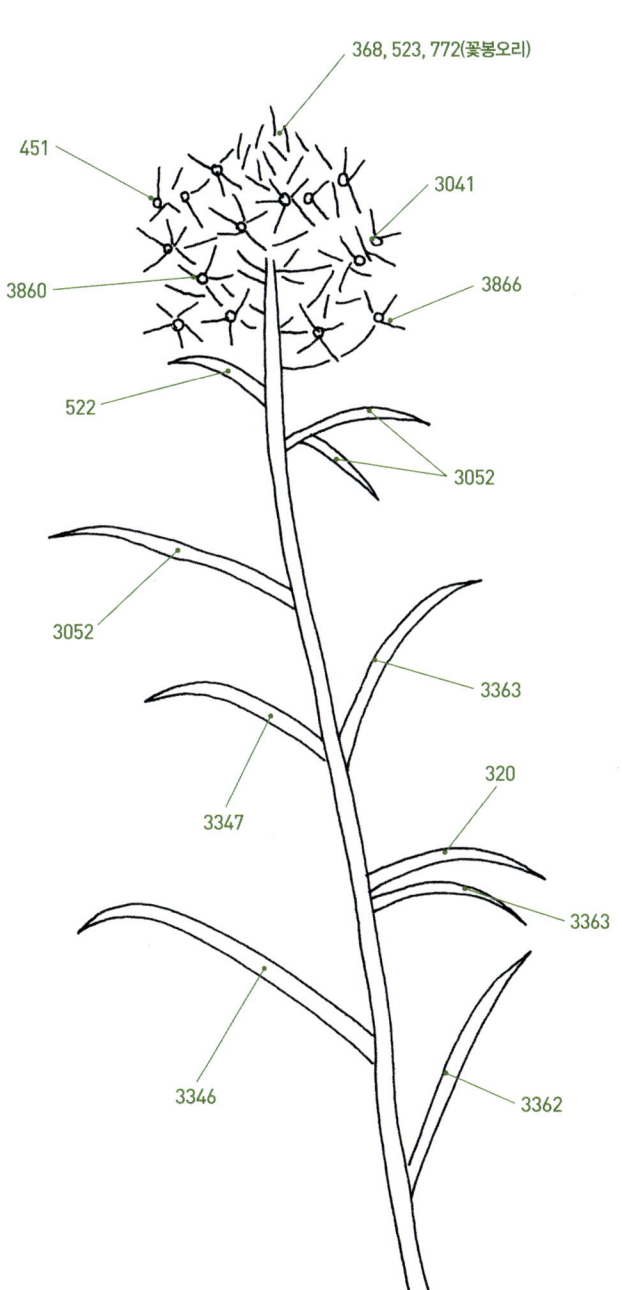

※ 꽃술에 사용한 색깔로 나머지 꽃술을 수놓는다.

Flower 03
산비장이

실물 도안

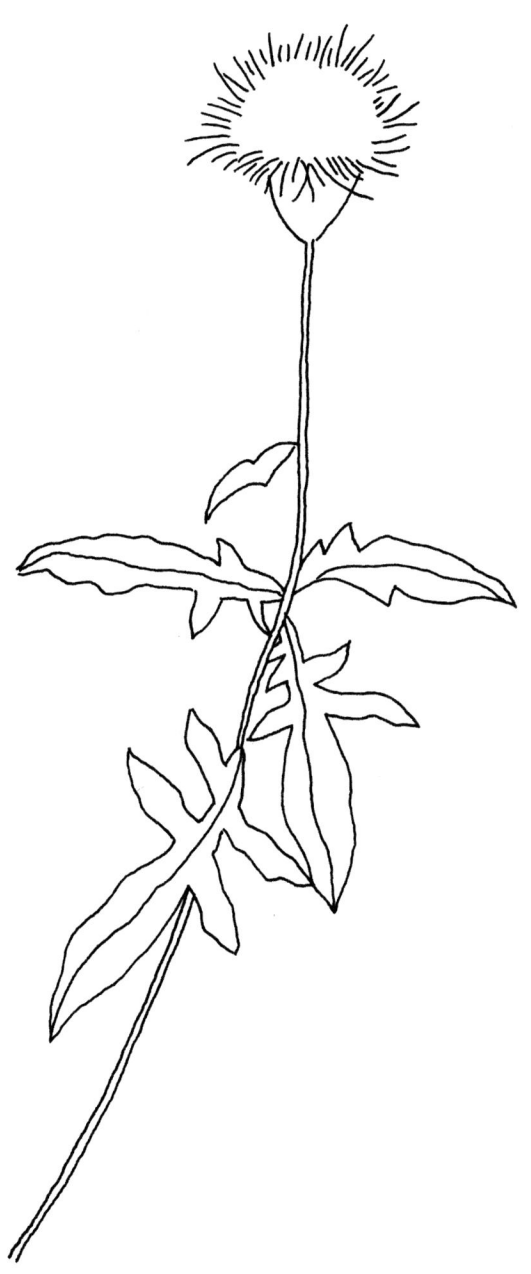

How to Stitch

수놓는 순서
1. 줄기 : 아웃라인 스티치
2. 잎 : 새틴 스티치
3. 꽃받침 : 롱앤숏 스티치(2겹)
4. 꽃 : 스트레이트 스티치

실 번호
223, 315, 316, 520, 522, 523, 3052, 3362, 3363, 3364, 3607, 3608, 3726, 3740, 3802

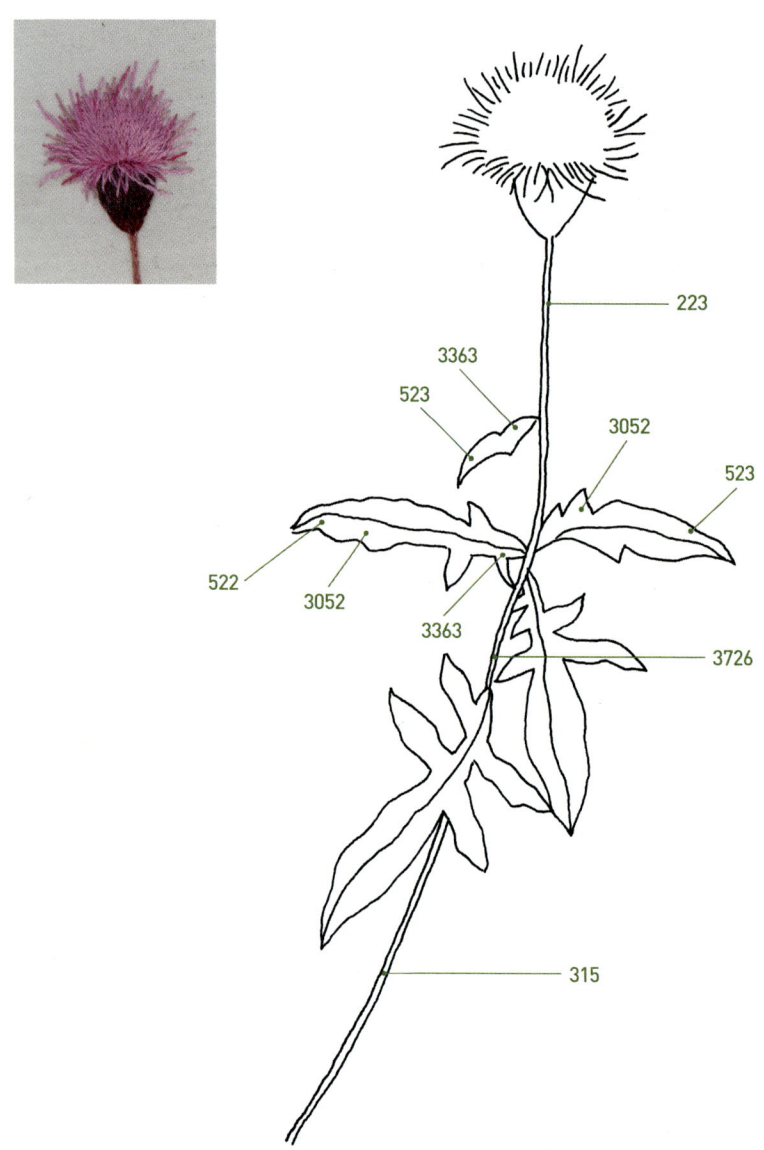

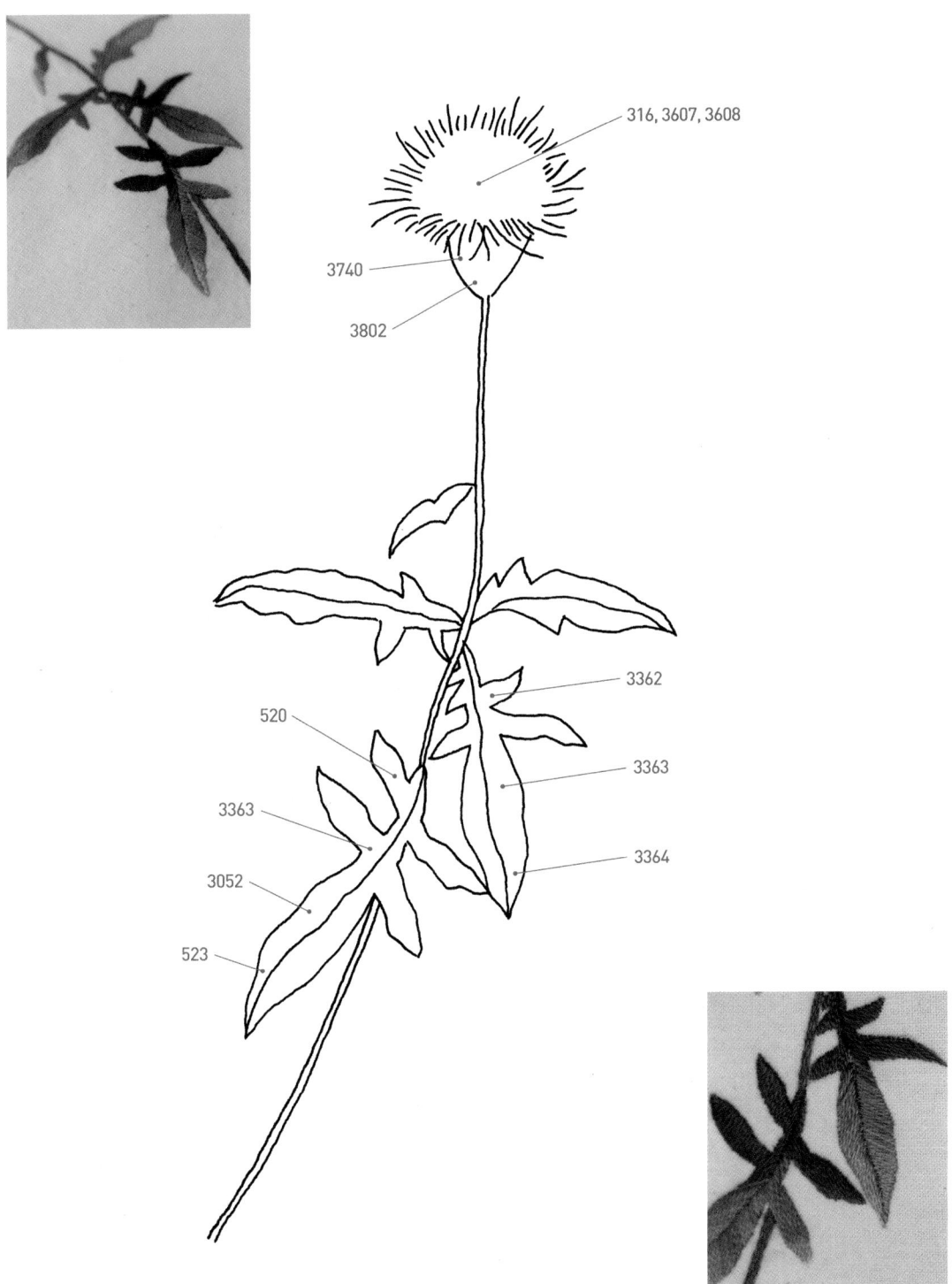

Flower 04
두메부추

실물 도안

How to Stitch

수놓는 순서
1. 줄기 : 아웃라인 스티치
2. 가지 : 아웃라인 스티치
3. 잎 : 아웃라인 스티치
4. 꽃 : 시딩 스티치(4~6겹)

실 번호
153, 209, 210, 211, 320, 367, 368, 502, 522, 523, 554, 3042, 3363, 3364, 3747, 3836

※ 각 가지에 사용한 색깔로 나머지 가지를 수놓는다.

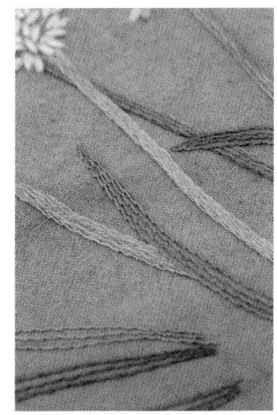

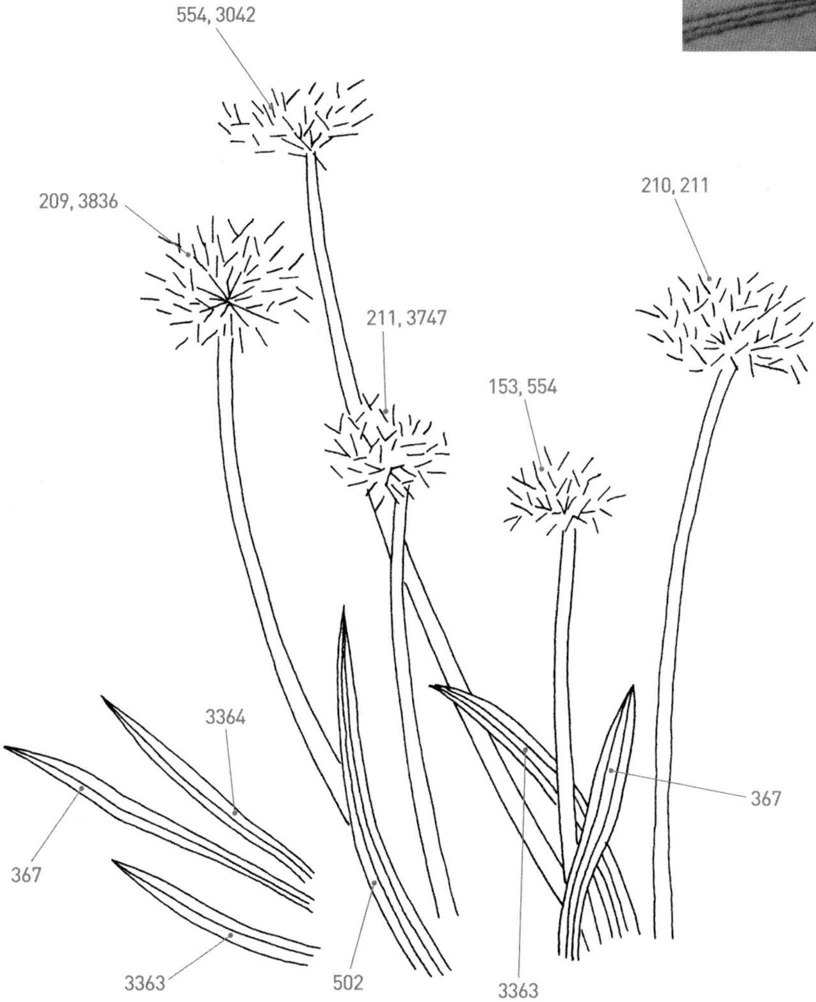

554, 3042

209, 3836

211, 3747

210, 211

153, 554

3364

367

3363

502

3363

367

63

Flower 05
진퍼리잔대

실물 도안

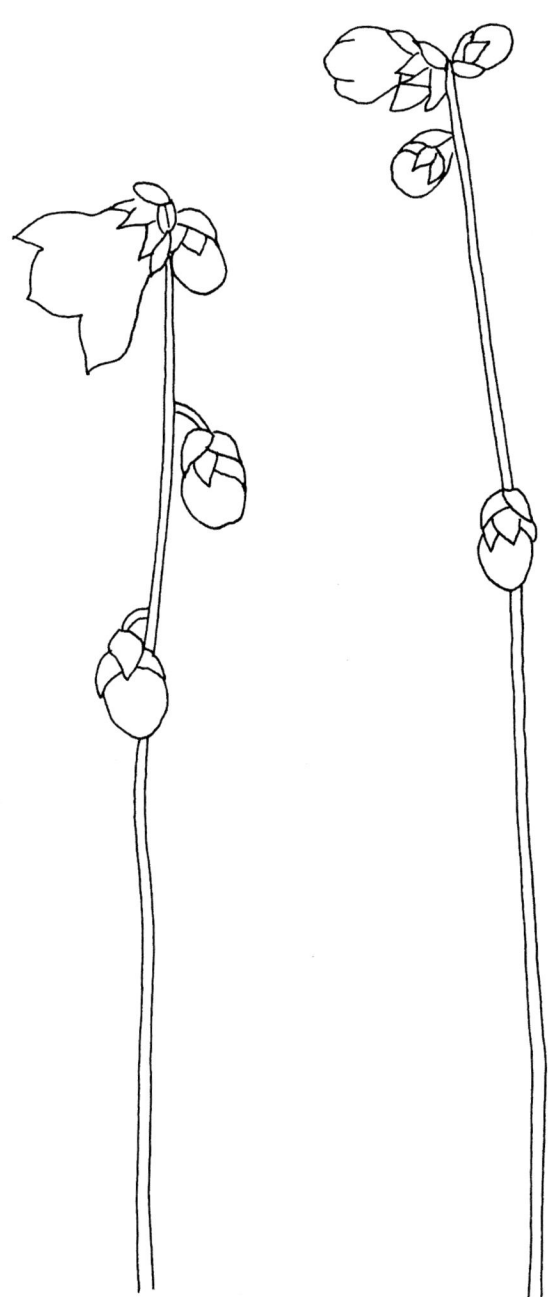

How to Stitch

수놓는 순서
1. 줄기 : 아웃라인 스티치
2. 가지 : 아웃라인 스티치
3. 꽃봉오리 : 롱앤숏 스티치
4. 꽃 : 롱앤숏 스티치
5. 꽃받침 : 새틴 스티치

실 번호
154, 155, 159, 333, 340, 779, 928, 3041, 3042, 3740, 3743, 3746, 3860, 3866, 4045, 4065, 4145

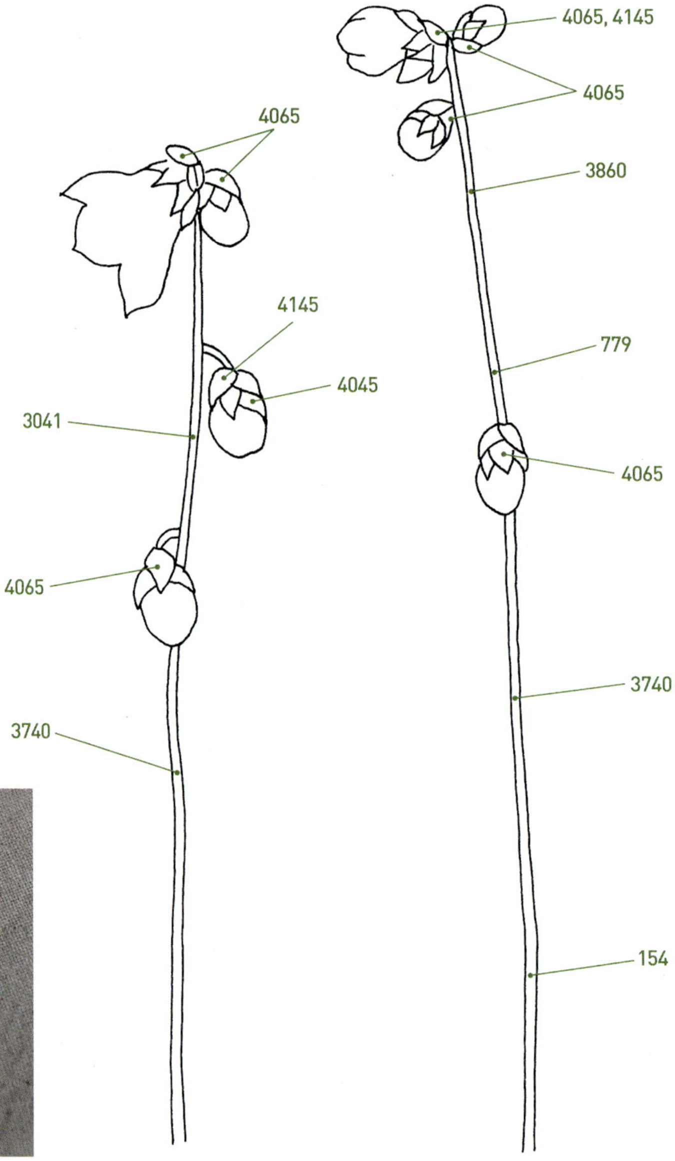

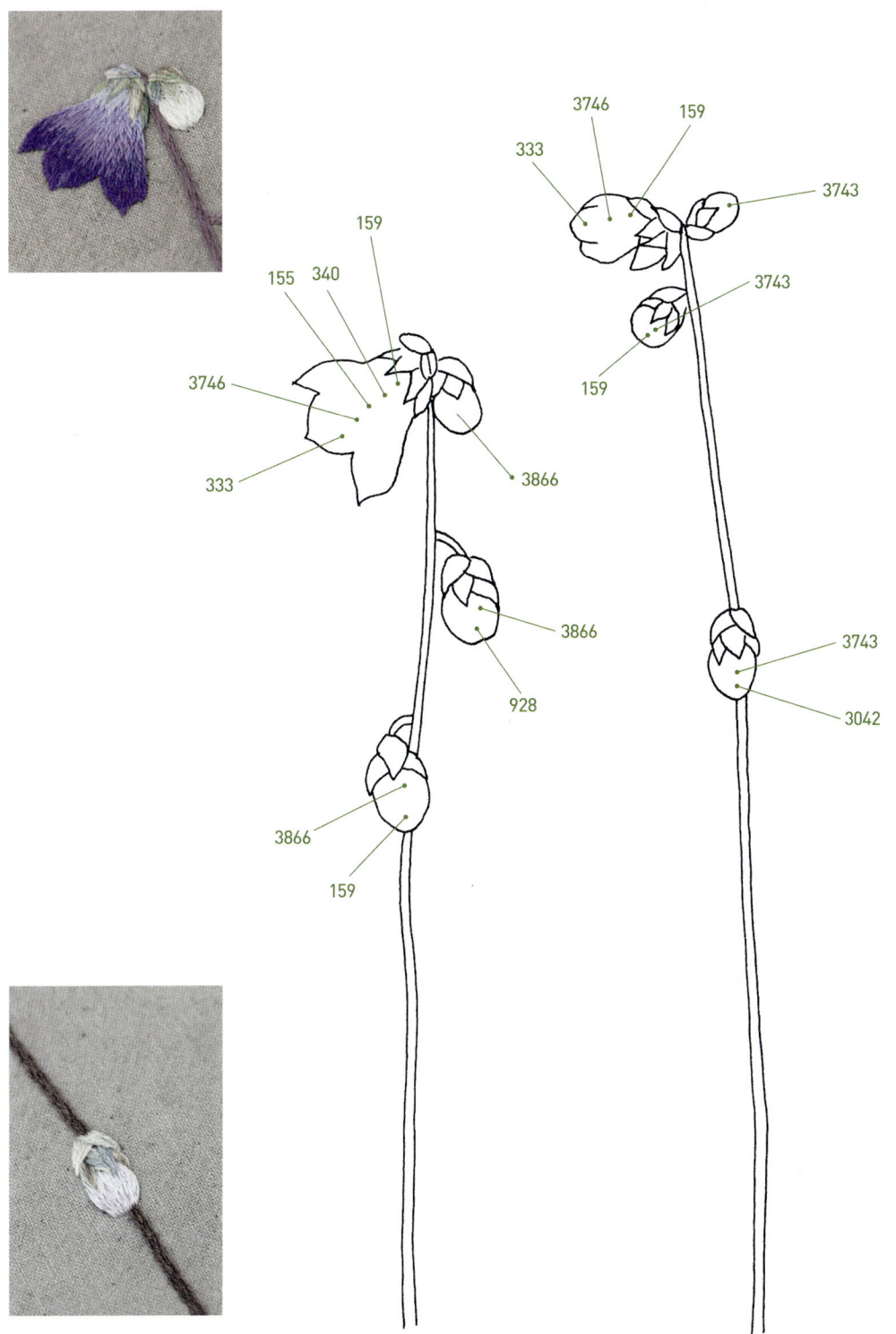

Flower 06
분홍바늘꽃

실물도안

How to Stitch

수놓는 순서

1. 줄기 : 아웃라인 스티치
2. 가지 : 스트레이트 스티치(2겹)
3. 잎 : 아웃라인 스티치
4. 열매 : 아웃라인 스티치
5. 꽃봉오리 : 아웃라인 스티치
6. 꽃
   – 3608 : 롱앤숏 스티치
   – 777 : 아웃라인 스티치
7. 꽃술
   – 수술대 : 스트레이트 스티치
   – 수술 : 시딩 스티치(4겹)
   – 암술대/암술 : 스트레이트 스티치(2겹)

실 번호

451, 452, 642, 777, 935, 3022, 3041, 3042, 3052, 3362, 3607, 3608, 3689, 3860, 3861, 3865

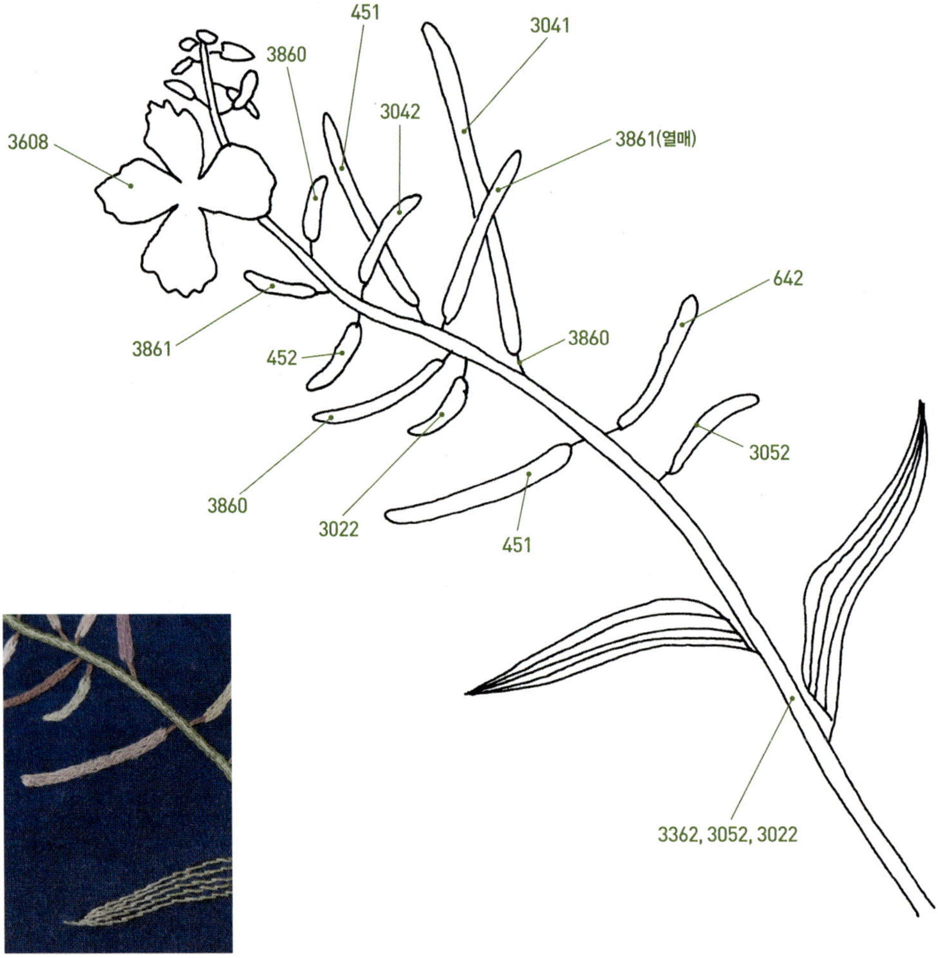

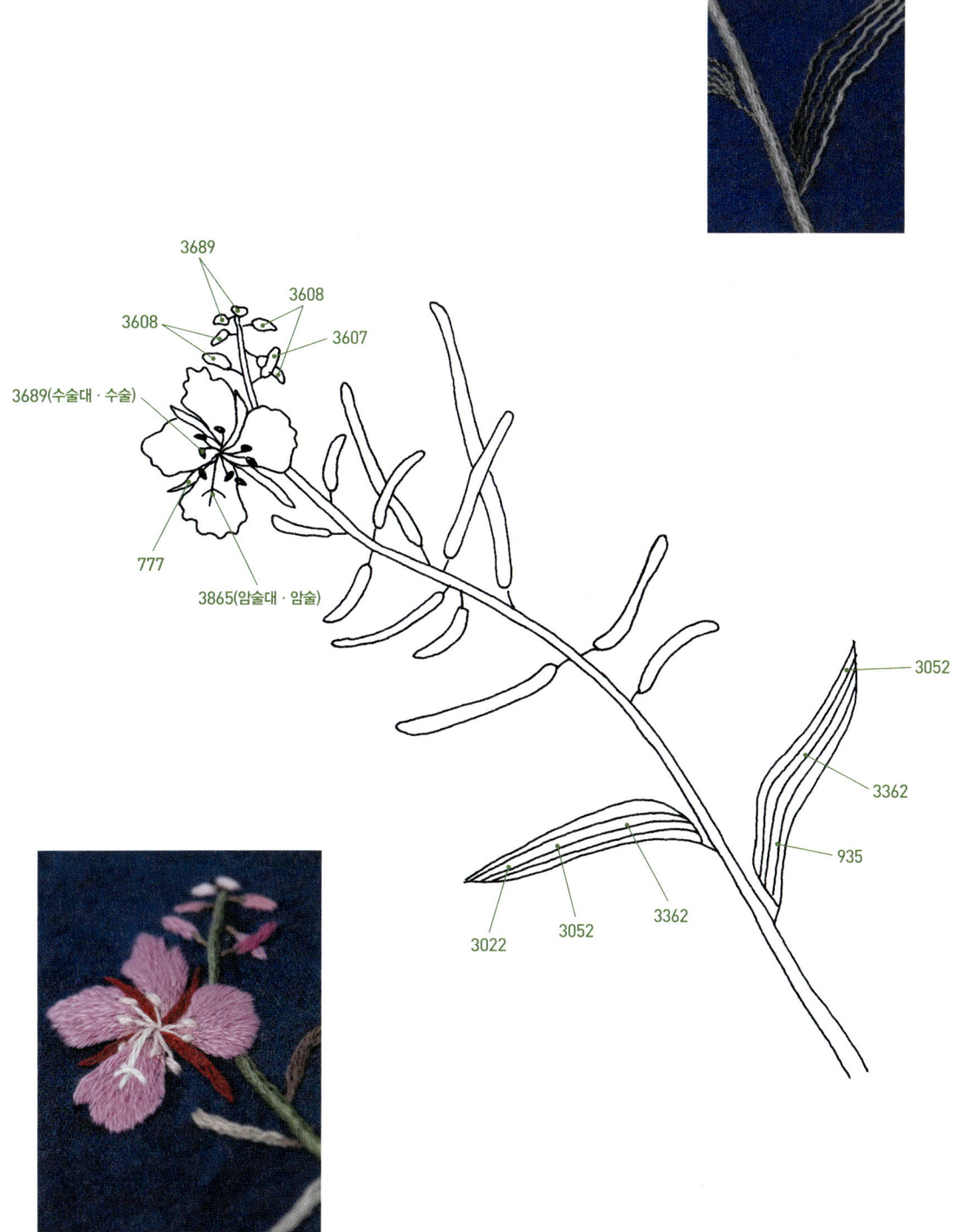

Flower 07
산구절초

실물도안

How to Stitch

수놓는 순서
1. 줄기 : 아웃라인 스티치
2. 잎 : 스트레이트 스티치
3. 꽃술 : 프렌치넛 스티치(1겹, 1회 감기)
4. 꽃 : 스트레이트 스티치(4겹~6겹)

실 번호
320, 520, 3052, 3362, 3363, 3865, 4065, 4075, 4145

※ 줄기·잎에 사용한 색깔로 나머지 줄기·잎을 수놓는다.

※ 줄기 · 잎에 사용한 색깔로 나머지 줄기 · 잎을 수놓는다

Flower 08
두메고들빼기

실물 도안

How to Stitch

수놓는 순서

1. 줄기 : 아웃라인 스티치
2. 가지 : 아웃라인 스티치
3. 잎 : 새틴 스티치
4. 꽃받침 : 새틴 스티치
5. 꽃봉오리 : 스트레이트 스티치
6. 꽃술 : 프렌치넛 스티치(1겹, 1회 감기)
7. 꽃 : 스트레이트 스티치
8. 수술 : 시딩 스티치

실 번호

469, 522, 523, 727, 743, 744, 936, 3031, 3051, 3052, 3348, 3363, 3364, 3820, 3822, 4065

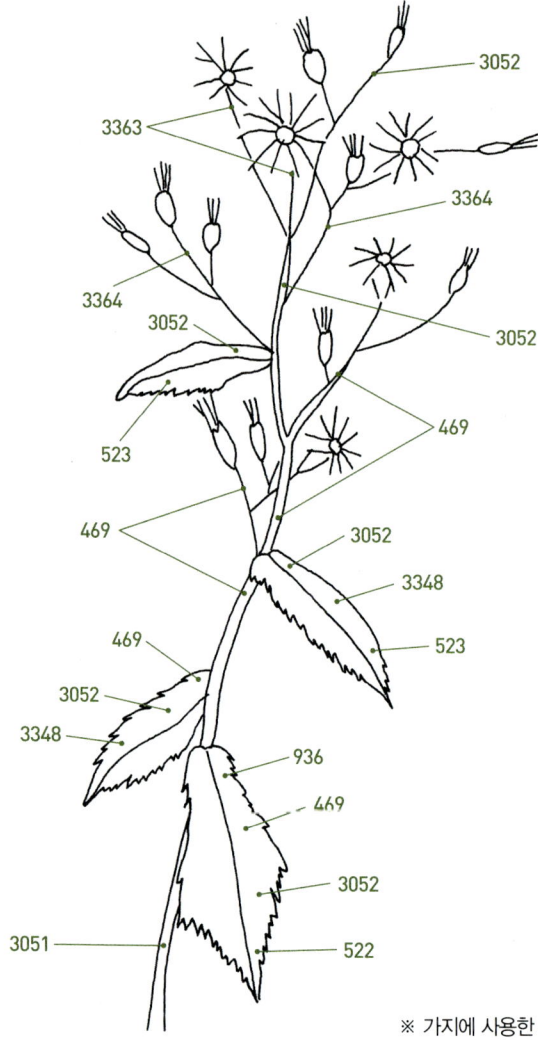

※ 가지에 사용한 색깔로 나머지 가지를 수놓는다.

※ 꽃술에 사용한 색깔로 나머지 꽃술을 수놓는다.
※ 꽃봉오리·꽃받침에 사용한 색깔로 나머지 꽃봉오리·꽃받침을 수놓는다.

Flower 09

둥근잎꿩의비름

실물 도안

How to Stitch

수놓는 순서

1. 줄기 : 아웃라인 스티치
2. 가지 : 아웃라인 스티치
3. 잎 : 롱앤숏 스티치
4. 꽃봉오리 : 시딩 스티치(4겹)
5. 꽃
   - 223, 316, 962, 3688, 3733 : 시딩 스티치(4겹)
   - 3731, 3687 : 프렌치넛 스티치(2겹, 2회 감기)
   - 605, 3689 : 스트레이트 스티치

실 번호

223, 316, 320, 367, 368, 407, 502, 503, 605, 962, 3363, 3364, 3687, 3688, 3689, 3722, 3726, 3731, 3733, 3859, 3863

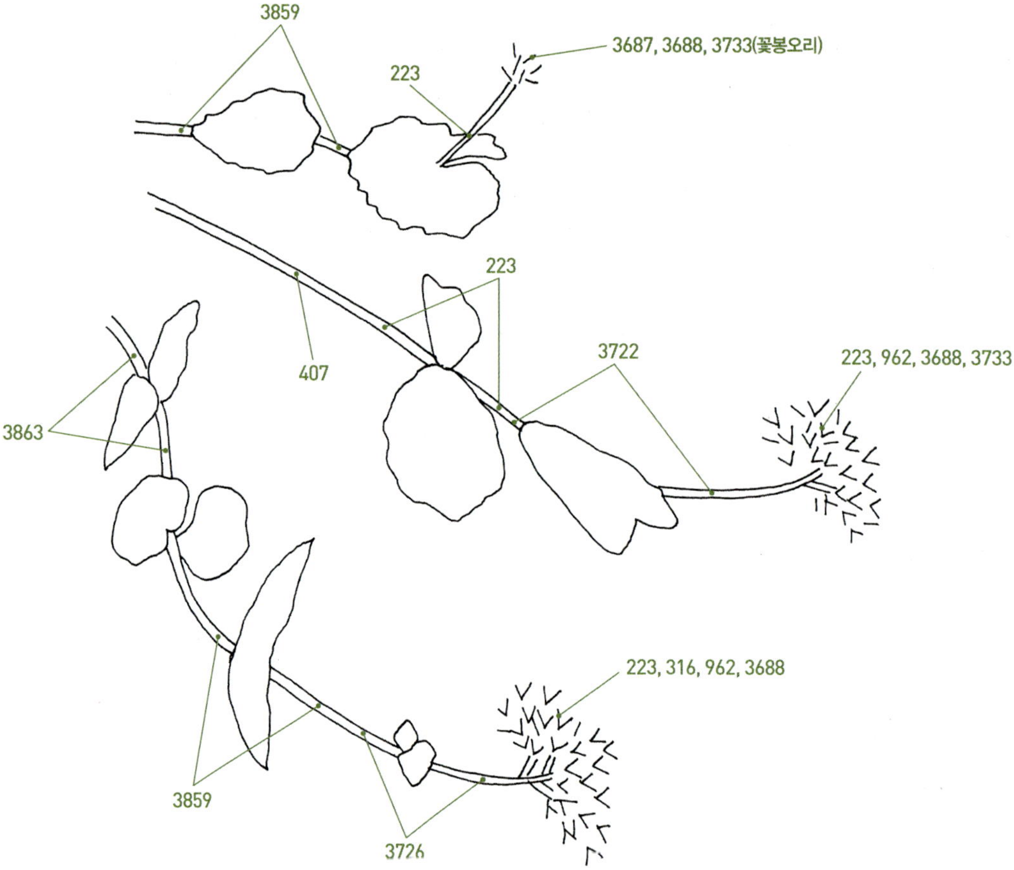

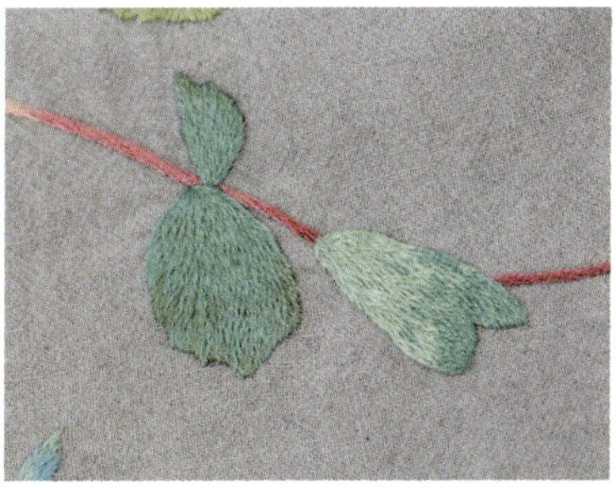

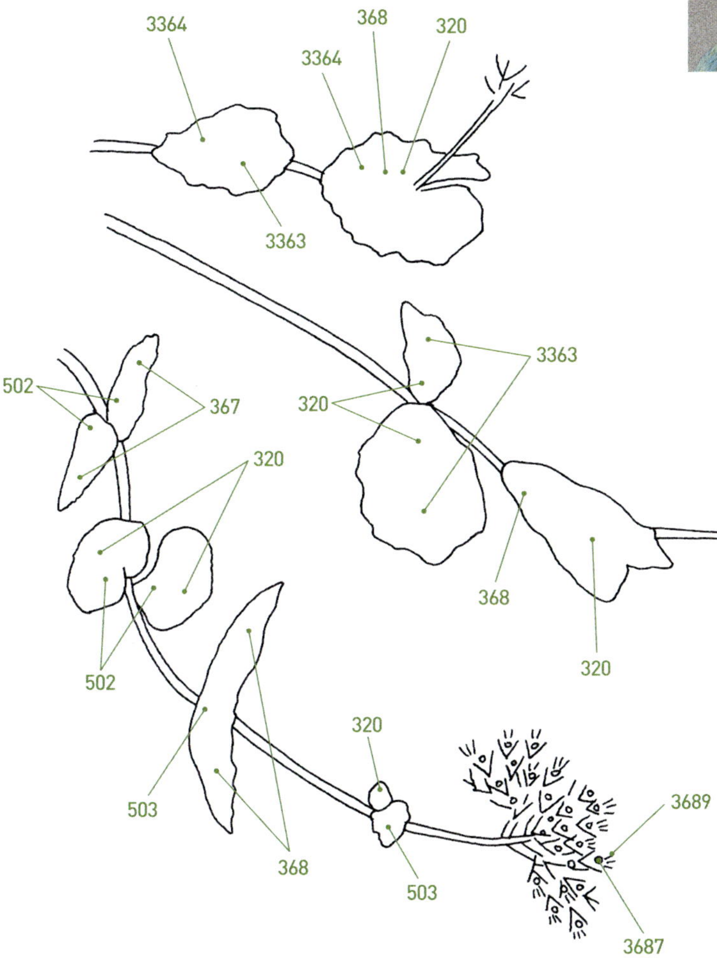
3364
368
320
3364
3363
3363
502
367
320
605
320
3731
368
320
502
320
503
3689
368
503
3687

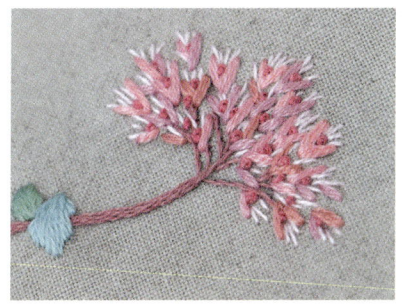

Flower 10
벌개미취

실물도안

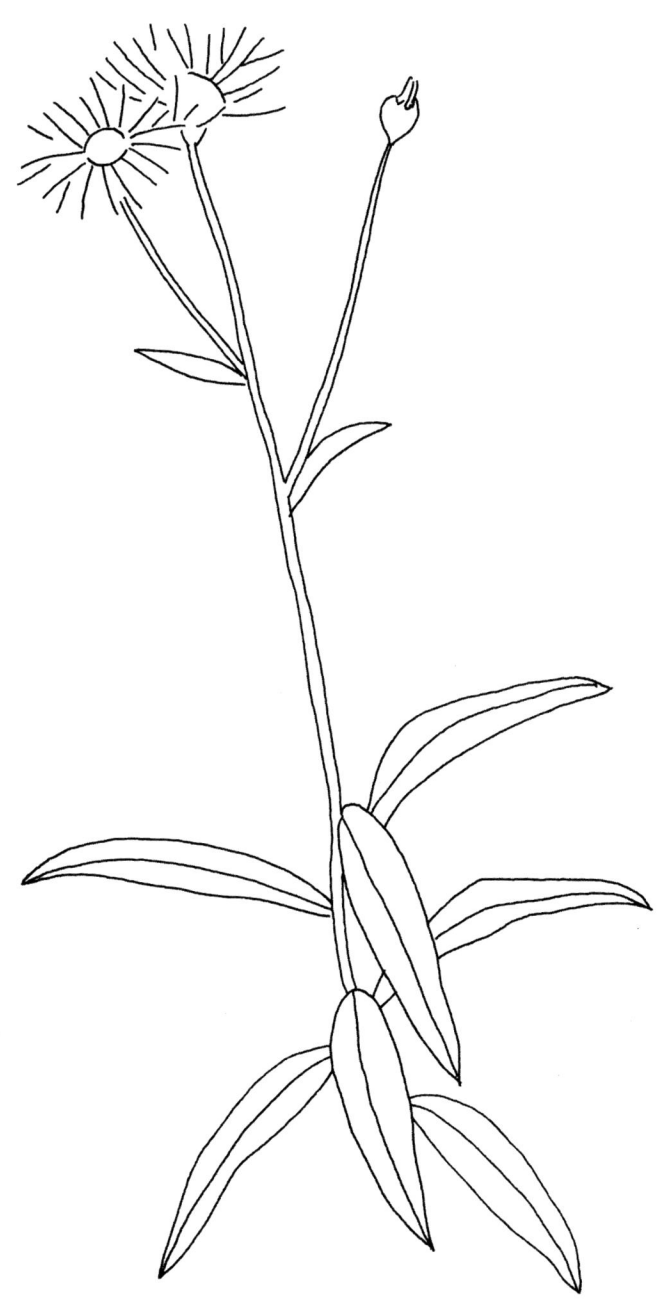

How to Stitch

수놓는 순서
1. 줄기 : 아웃라인 스티치
2. 가지 : 아웃라인 스티치
3. 잎 : 새틴 스티치
4. 꽃받침 : 롱앤숏 스티치(2겹)
5. 꽃봉오리 : 새틴 스티치
6. 꽃술 : 프렌치넛 스티치(1겹, 1회 감기)
7. 꽃 : 스트레이트 스티치(4~6겹)

실 번호
210, 211, 320, 367, 368, 369, 502, 503, 522, 523, 977, 3053, 3364, 3820, 3822, 3827

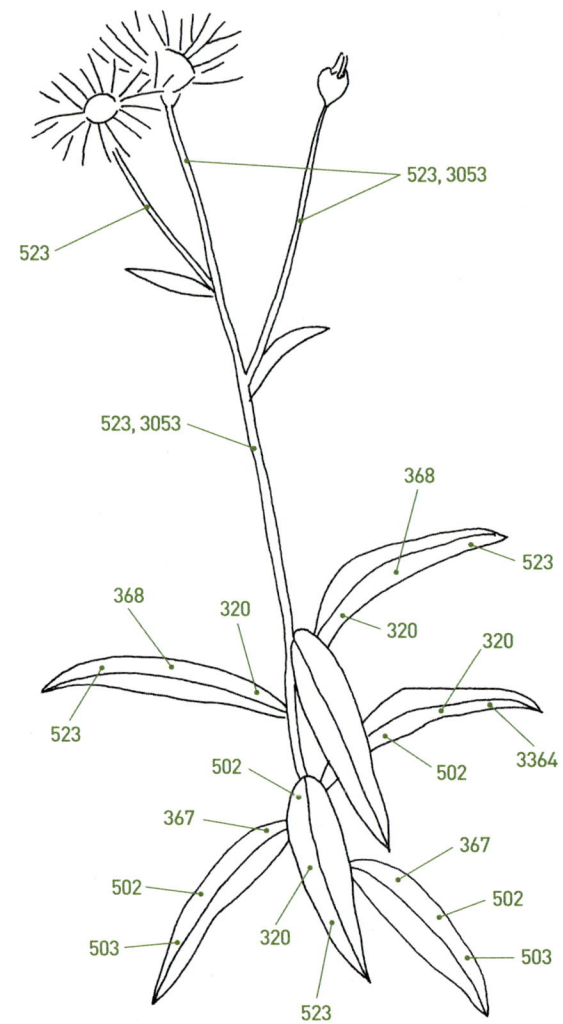

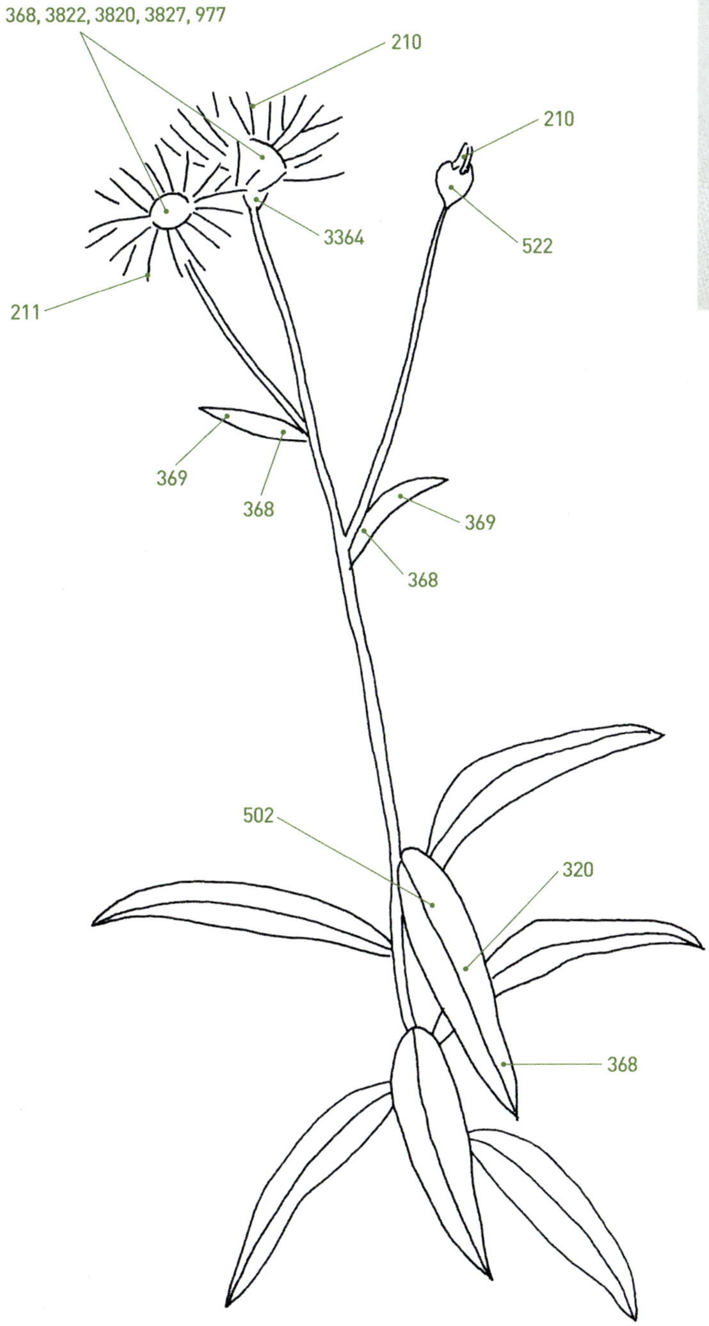
368, 3822, 3820, 3827, 977
210
210
3364
522
211
369
368
369
368
502
320
368

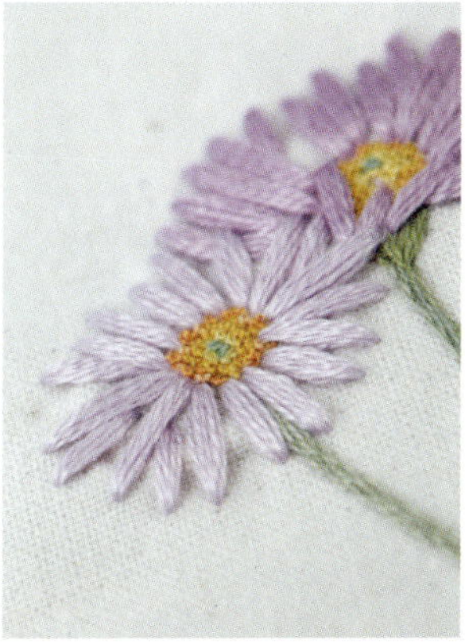

수를 놓다
바라보다

Flower 11

솔체꽃

실물 도안

How to Stitch

수놓는 순서
1. 줄기 : 아웃라인 스티치
2. 가지 : 아웃라인 스티치
3. 잎 : 새틴 스티치
4. 꽃
   – 155, 156, 340, 341, 3747 : 새틴스티치
   – 4010, 4215, 4220 : 롱앤숏 스티치(4겹)
5. 꽃술 : 스트레이트 스티치

실 번호
155, 156, 340, 341, 367, 452, 522, 523, 3362, 3363, 3364, 3747, 4010, 4215, 4220

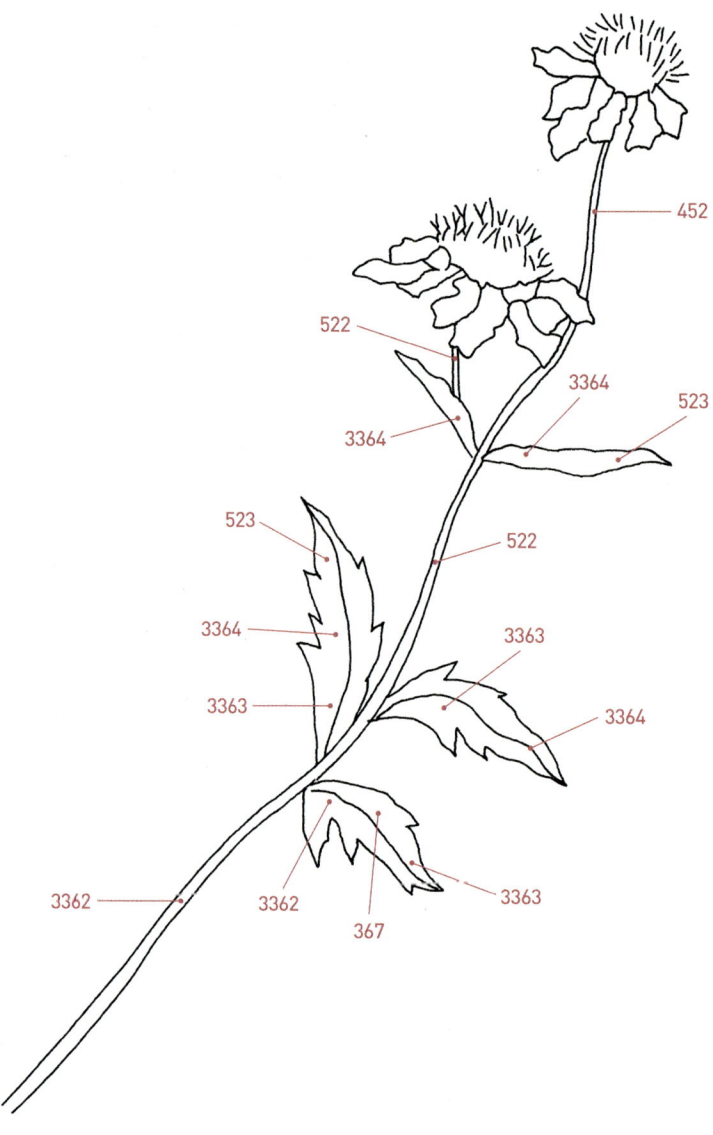

※ 각 꽃에 사용한 색깔로 나머지 꽃을 수놓는다.

Flower 12
왜솜다리

실물도안

How to Stitch

수놓는 순서
1. 줄기 : 아웃라인 스티치
2. 가지 : 아웃라인 스티치
3. 잎 : 롱앤숏 스티치
4. 꽃 : 새틴 스티치
5. 꽃술 : 스트레이트 스티치

실 번호
402, 452, 453, 522, 523, 524, 3033, 3771, 3776, 3827, 3861

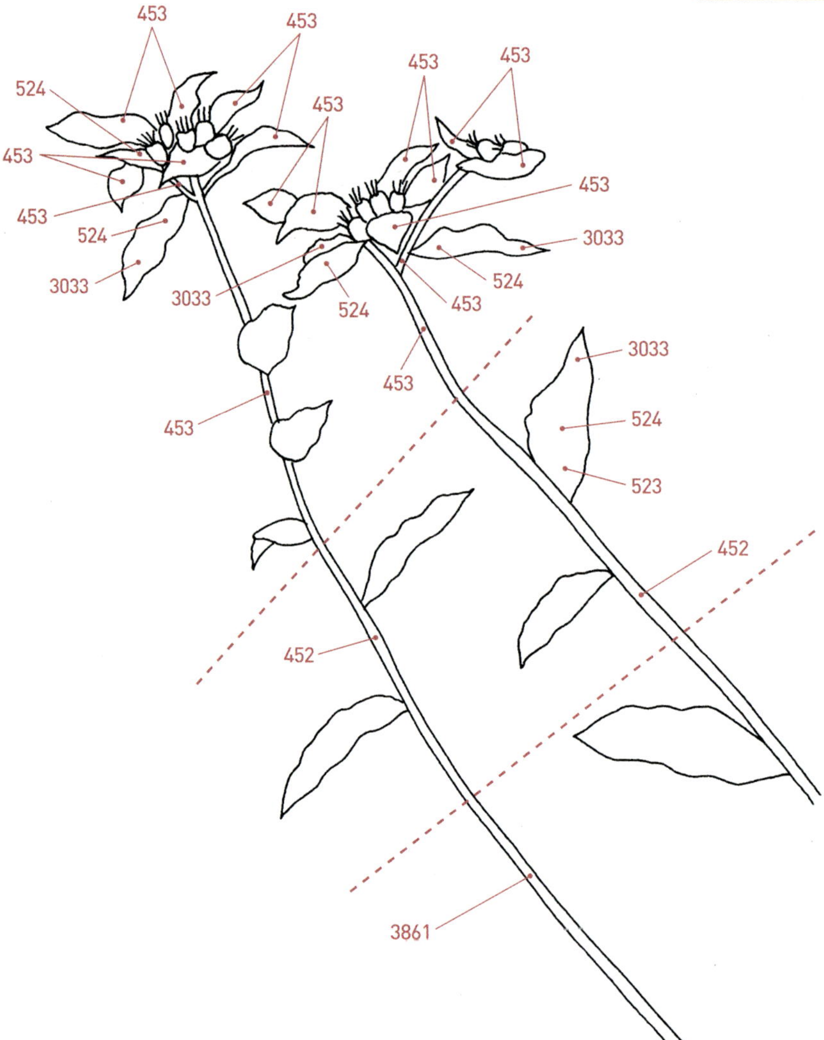

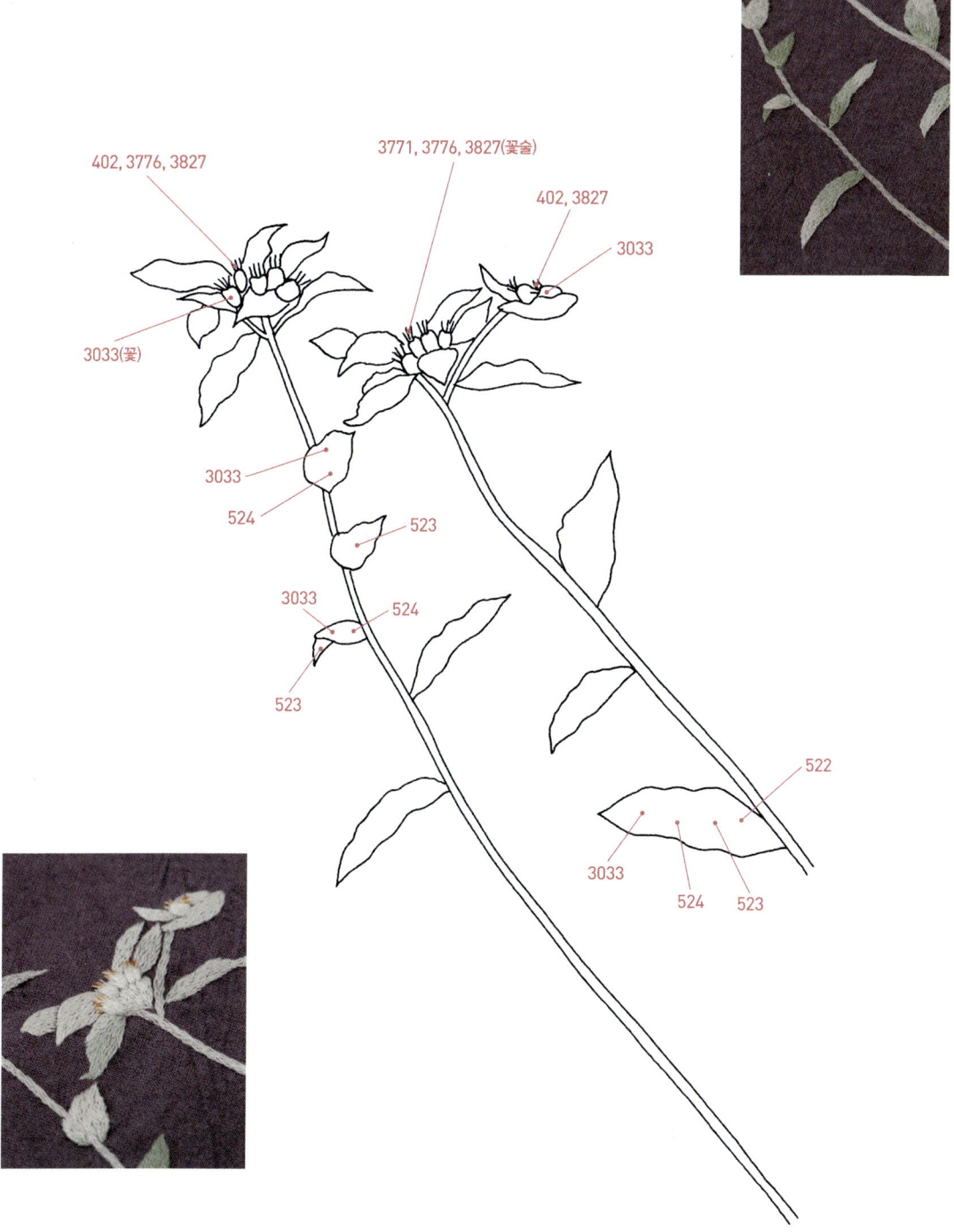

※ 꽃·꽃술에 사용한 색깔로 나머지 꽃·꽃술을 수놓는다.

Flower 13

패랭이꽃

실물 도안

How to Stitch

수놓는 순서

1. 줄기 : 아웃라인 스티치
2. 가지 : 아웃라인 스티치
3. 잎 : 아웃라인 스티치
4. 꽃받침 : 롱앤숏 스티치
5. 꽃봉오리 : 새틴 스티치
6. 꽃 : 롱앤숏 스티치
7. 꽃술
   - 수술대 : 스트레이트 스티치
   - 수술 : 시딩 스티치(4겹)
   - 암술 : 크로스 스티치

실 번호

320, 367, 368, 520, 523, 772, 913, 966, 3363, 3774, 3865

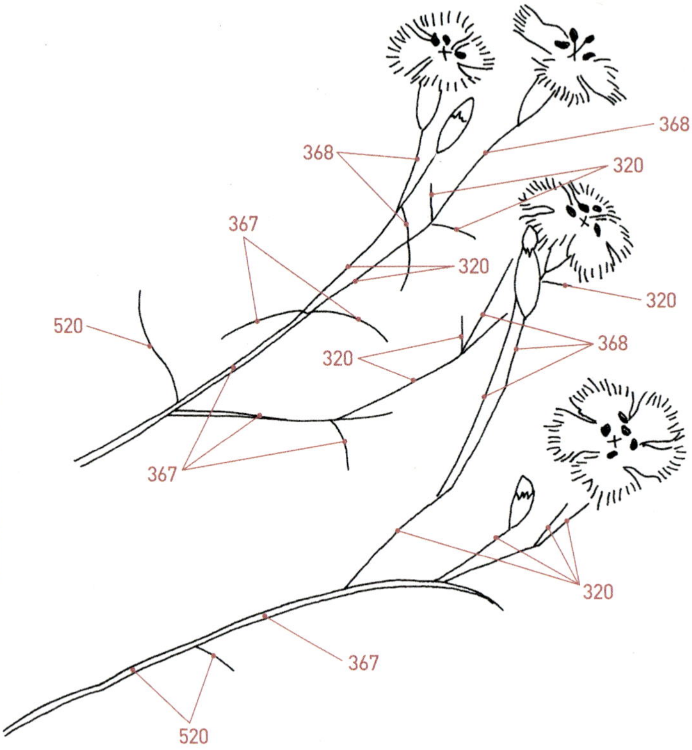

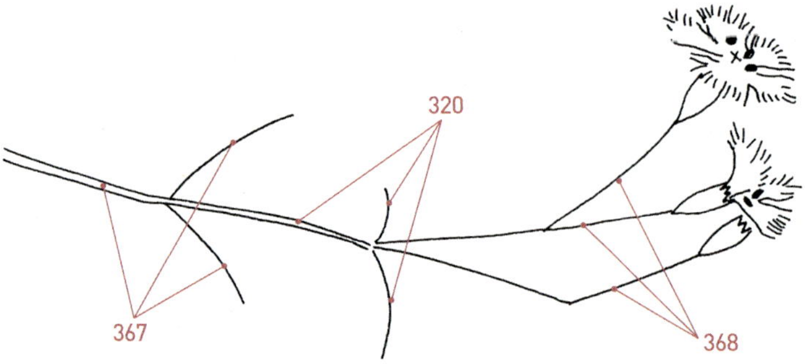

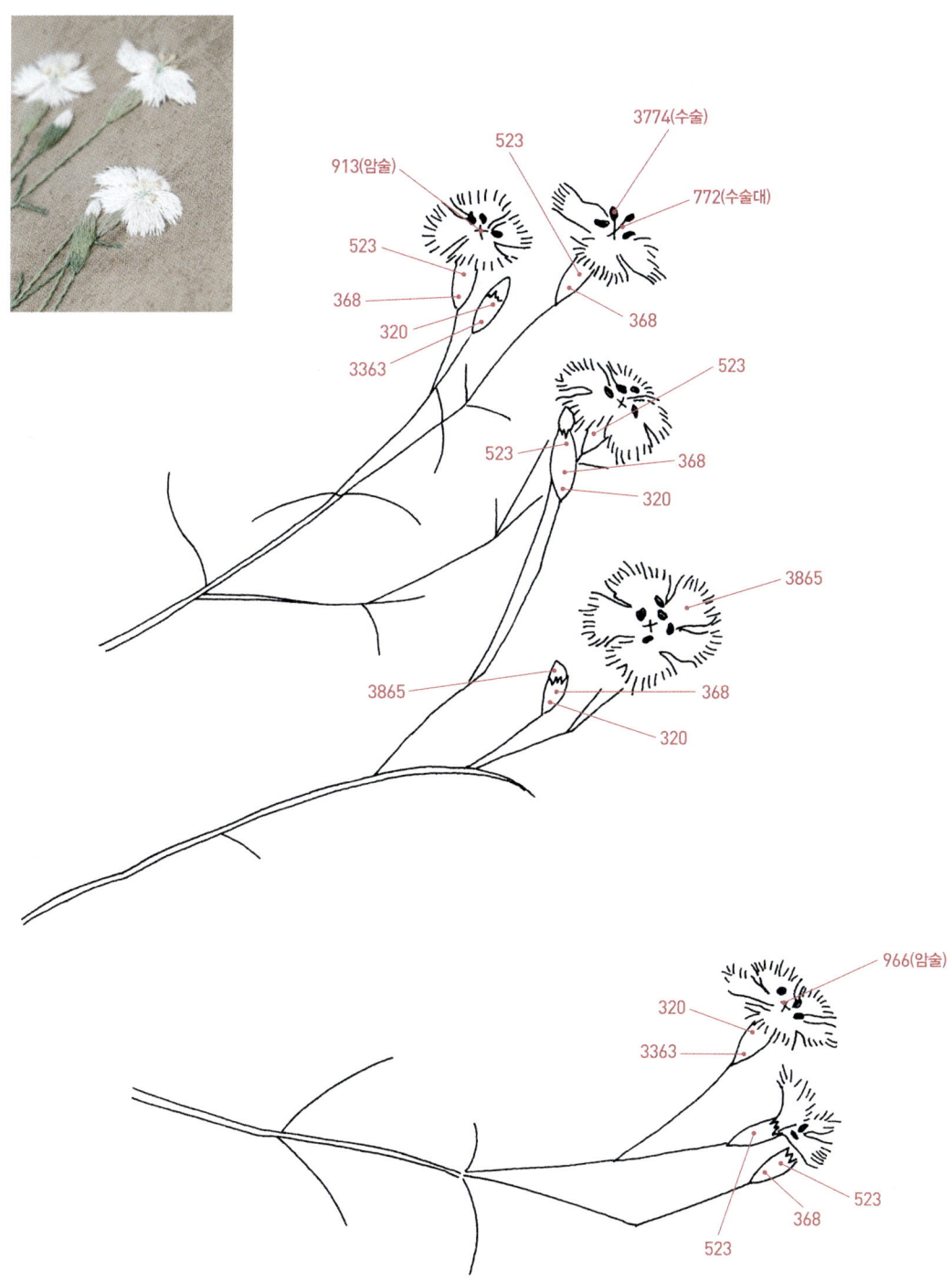

※ 수술 · 암술에 사용한 색깔로 나머지 수술 · 암술을 수놓는다.

Flower 14

해당화

실물도안

How to Stitch

수놓는 순서
1. 가지 : 아웃라인 스티치
2. 잎 : 새틴 스티치
3. 꽃 : 롱앤숏 스티치
4. 꽃술
   – 165 : 프렌치넛 스티치(1겹, 1회 감기)
   – 676, 772 : 스트레이트 스티치
   – 728, 3821 : 시딩 스티치(2겹)

실 번호
164, 165, 320, 367, 368, 369, 501, 676, 728, 772, 3607, 3608, 3609, 3821

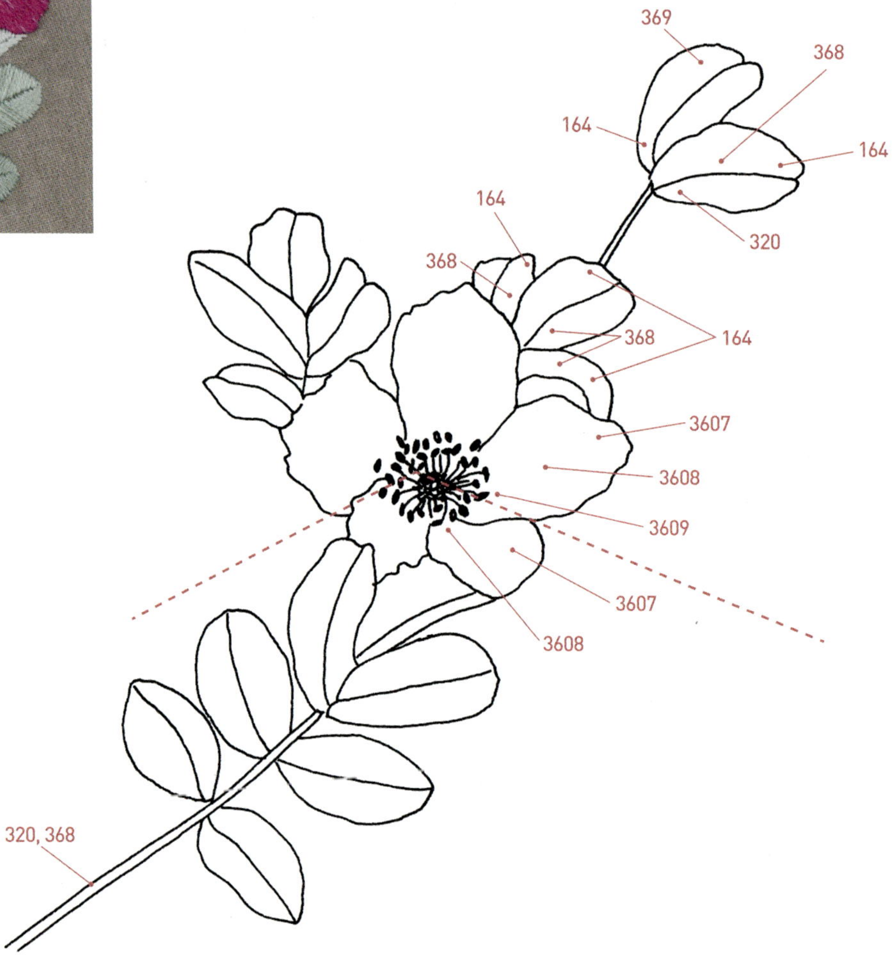

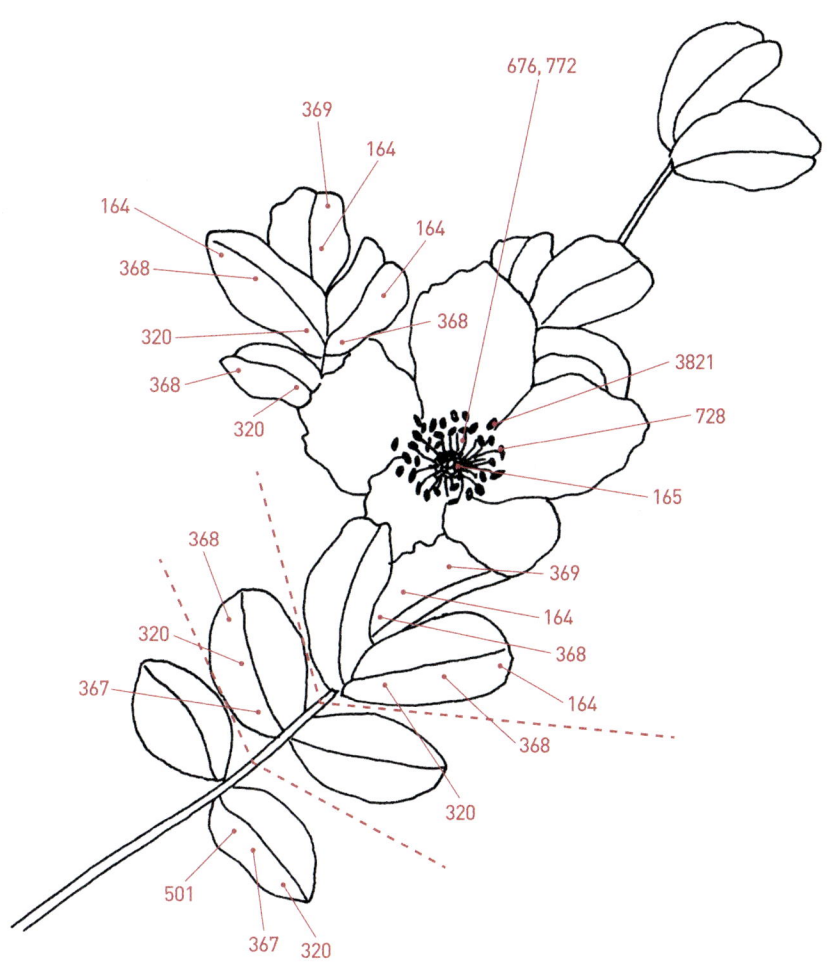

Flower 15

용담

실물 도안

How to Stitch

수놓는 순서
1. 줄기 : 아웃라인 스티치
2. 잎 : 아웃라인 스티치
3. 꽃받침 : 롱앤숏 스티치
4. 꽃 : 롱앤숏 스티치

실 번호
157, 320, 333, 341, 367, 369, 501, 502, 503, 504, 523, 792, 928, 3362, 3838, 3839

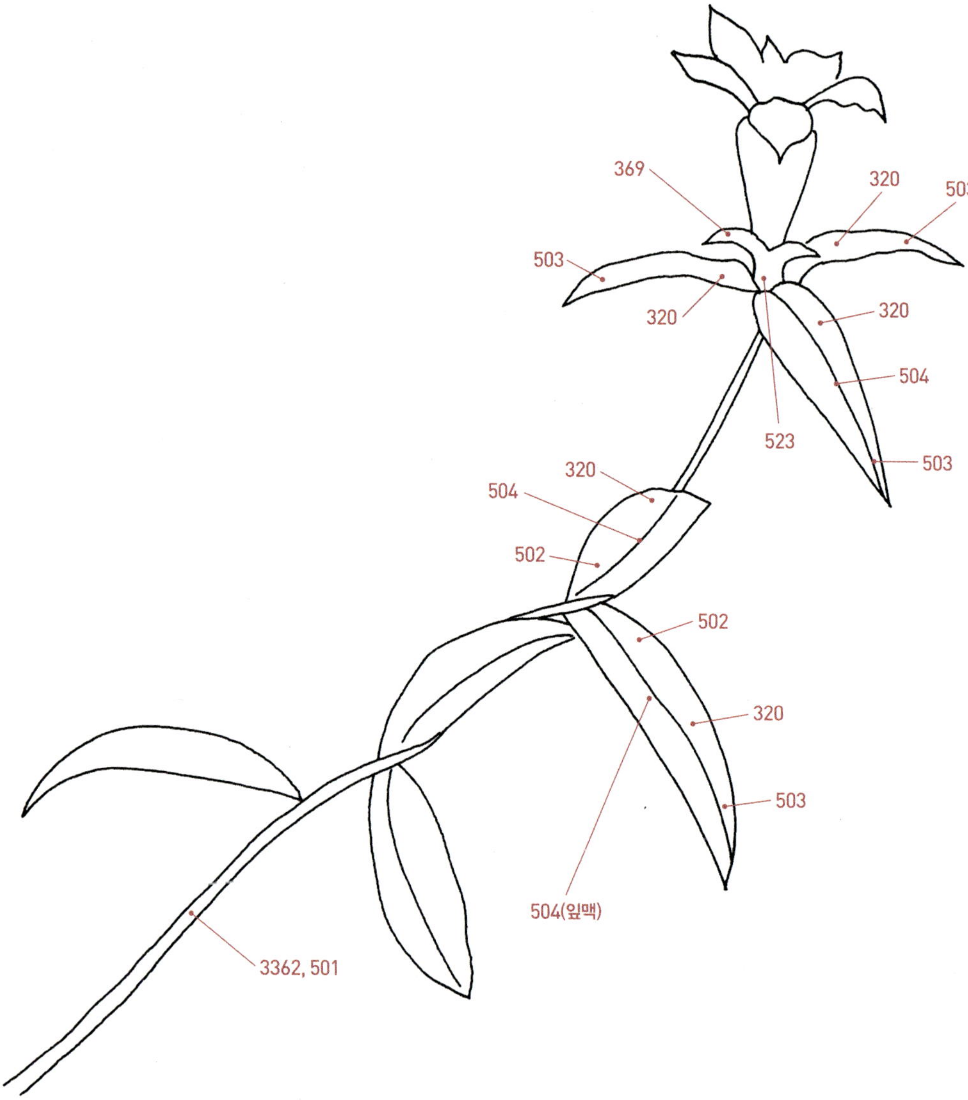

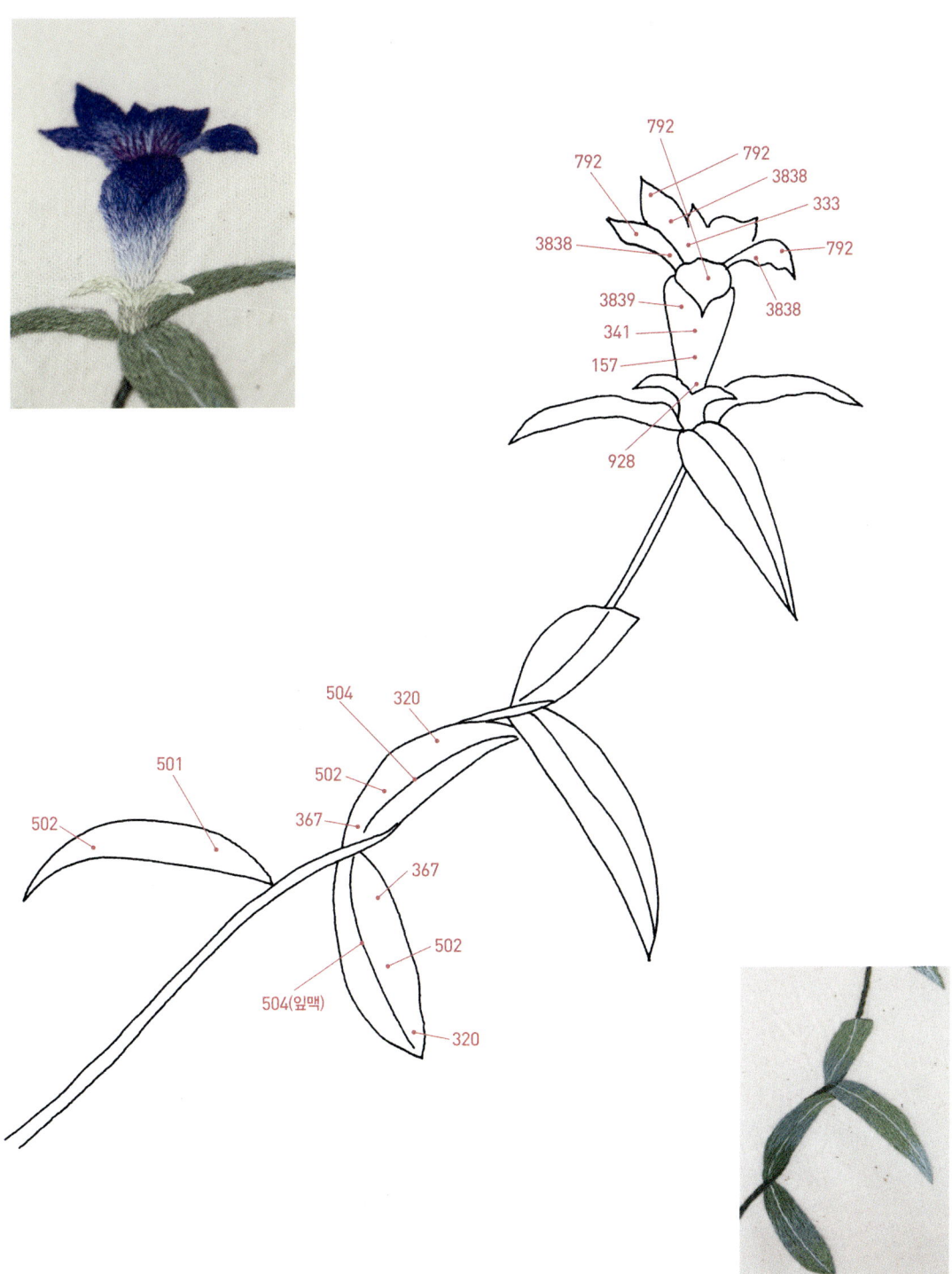

Flower 16
노루오줌

실물 도안

How to Stitch

수놓는 순서

1. 줄기 : 아웃라인 스티치
2. 가지 : 아웃라인 스티치
3. 잎 : 새틴 스티치
4. 꽃 : 스트레이트 스티치
5. 꽃봉오리 : 프렌치넛 스티치(2겹, 1회 감기)

실 번호

316, 522, 645, 646, 3363, 3364, 3688, 3689, 3836

※ 가지에 사용한 색깔로 나머지 가지를 수놓는다.

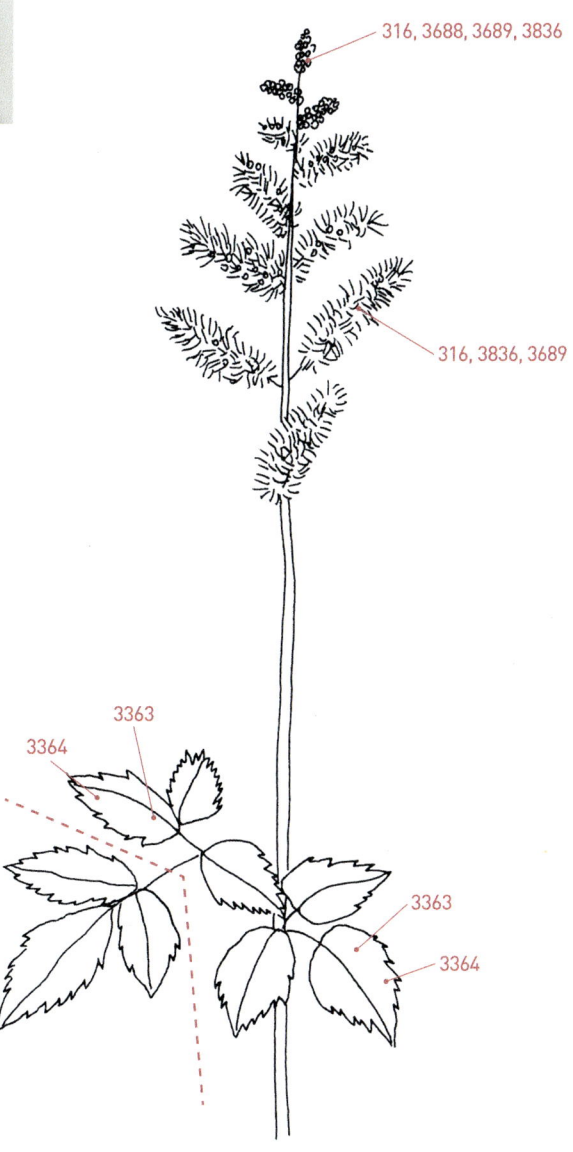

Flower 17
미역취

실물 도안

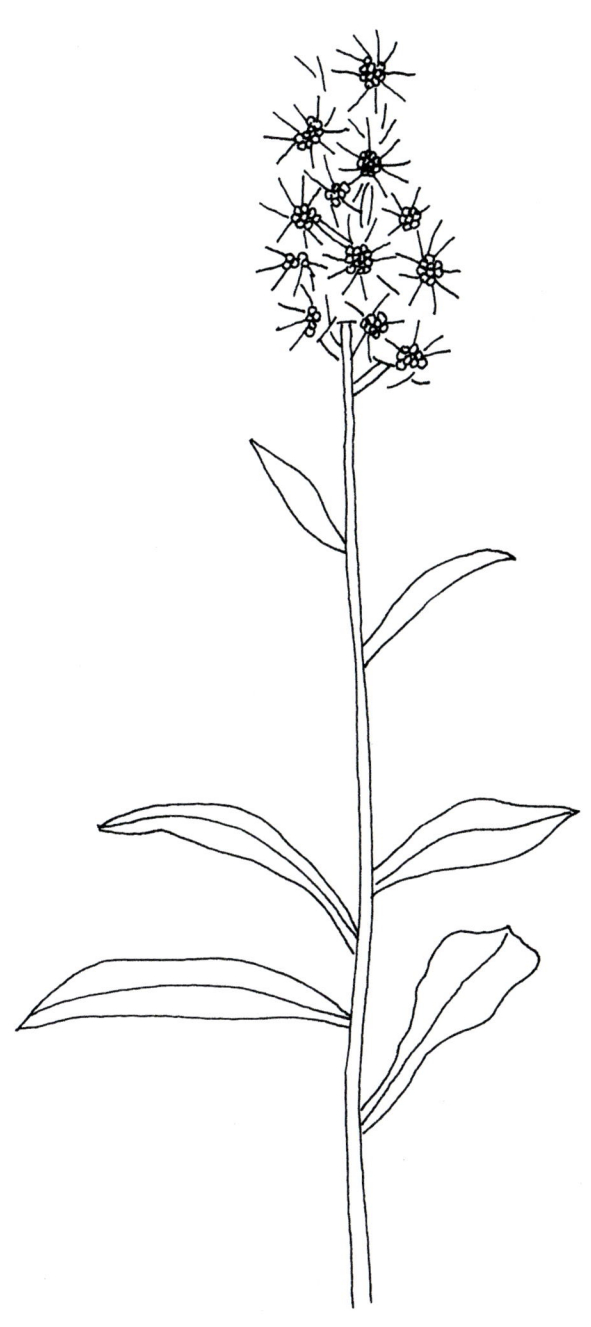

How to Stitch

수놓는 순서

1. 줄기 : 아웃라인 스티치
2. 잎 : 새틴 스티치
3. 꽃받침 : 롱앤숏 스티치
4. 꽃술 : 프렌치넛 스티치(2겹, 1회 감기)
5. 꽃 : 스트레이트 스티치(4겹)

실 번호

320, 367, 523, 640, 726, 744, 3052, 3347, 3362, 3364, 3821, 3822, 4075, 4080

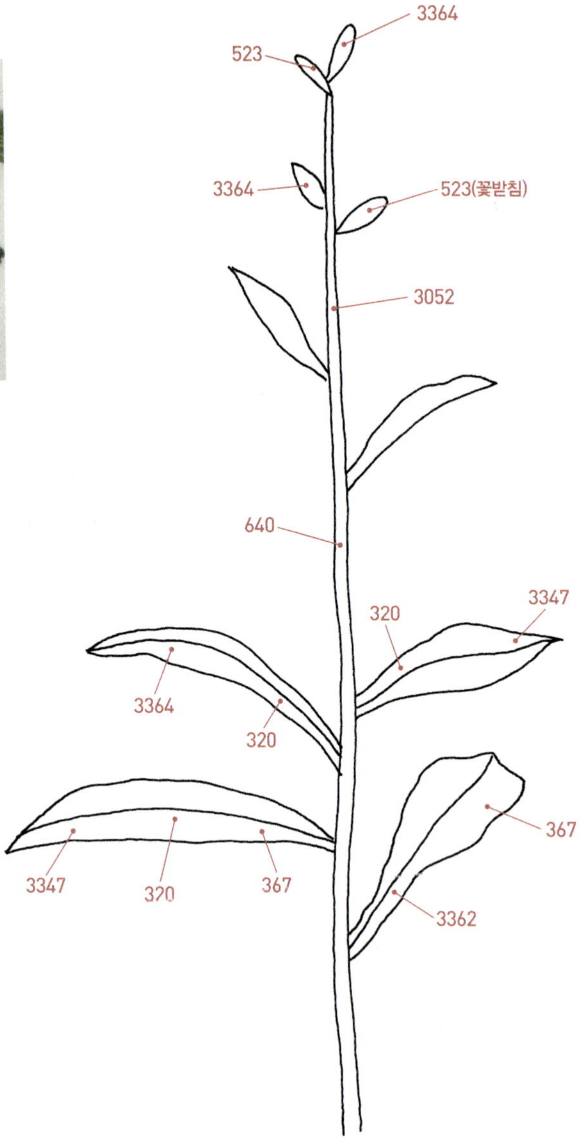

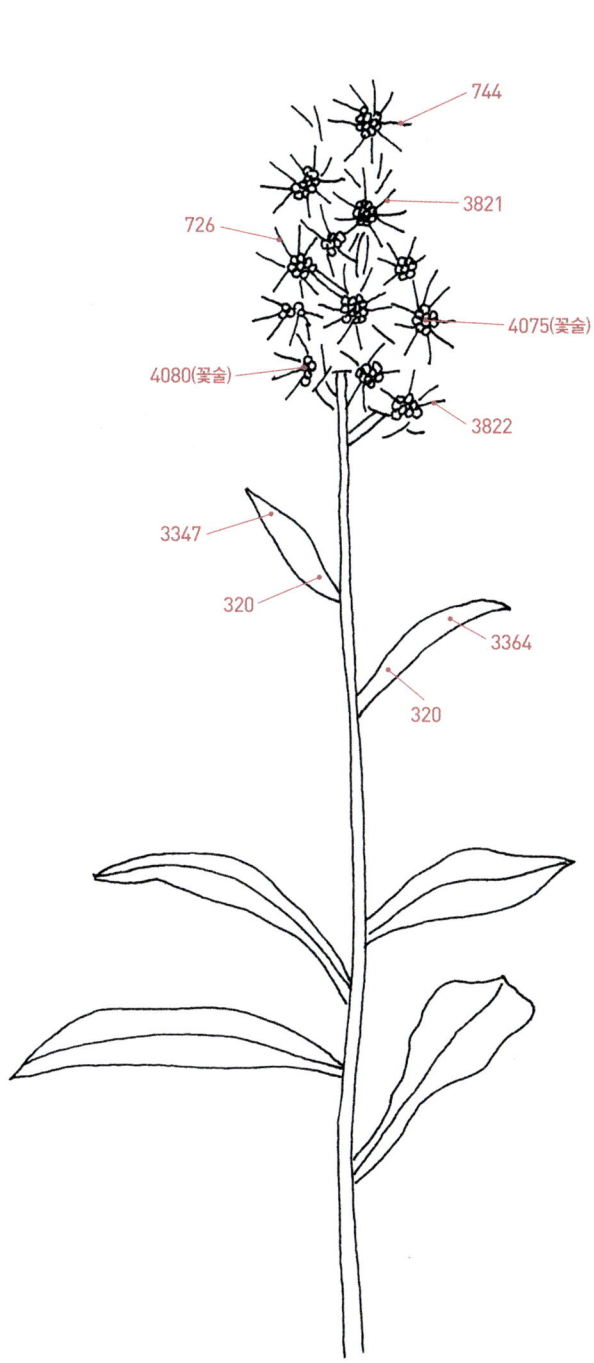

※ 꽃·꽃술에 사용한 색깔로 나머지 꽃·꽃술을 수놓는다.

Flower 18
범부채

실물 도안

How to Stitch

수놓는 순서

1. 줄기 : 아웃라인 스티치
2. 잎 : 아웃라인 스티치
3. 꽃받침 : 롱앤숏 스티치
4. 꽃봉오리 : 새틴 스티치
5. 꽃 : 롱앤숏 스티치
6. 꽃술
   – 수술대 : 스트레이트 스티치(2겹)
   – 수술 : 시딩 스티치(4겹)
   – 암술대 · 암술 : 스트레이트 스티치(2겹)

실 번호

163, 164, 320, 367, 368, 677, 742, 987, 988, 989, 3047, 3827, 4124

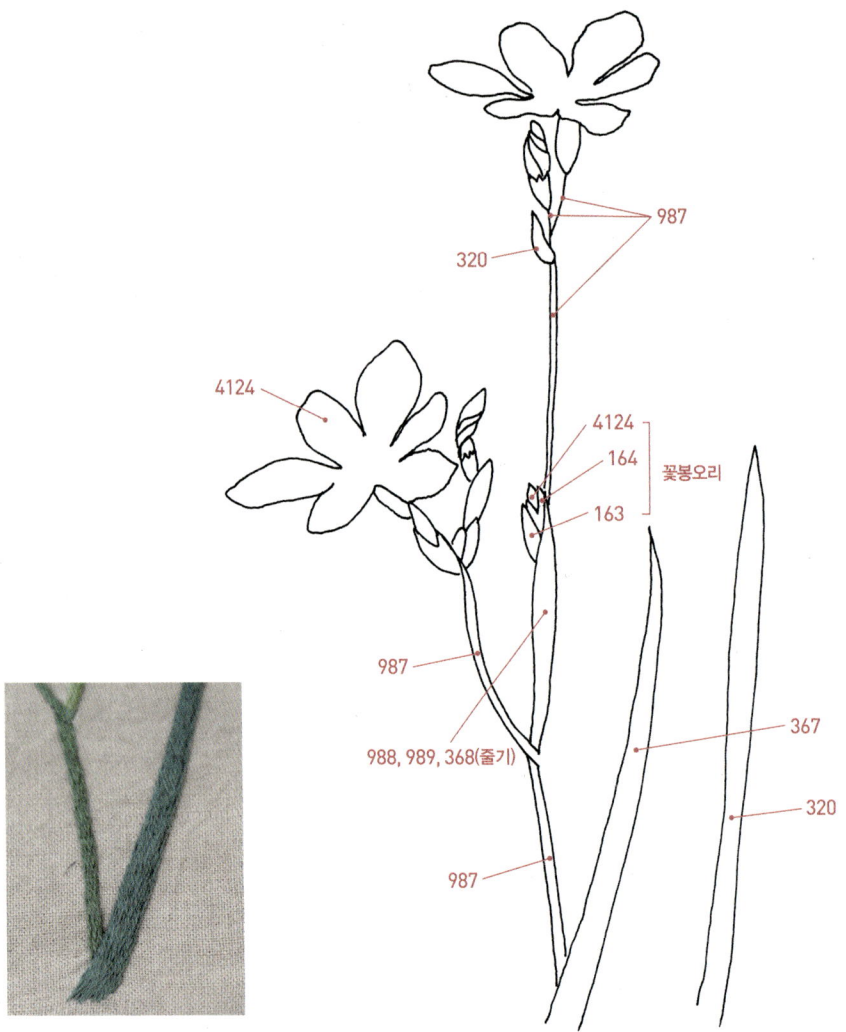

120

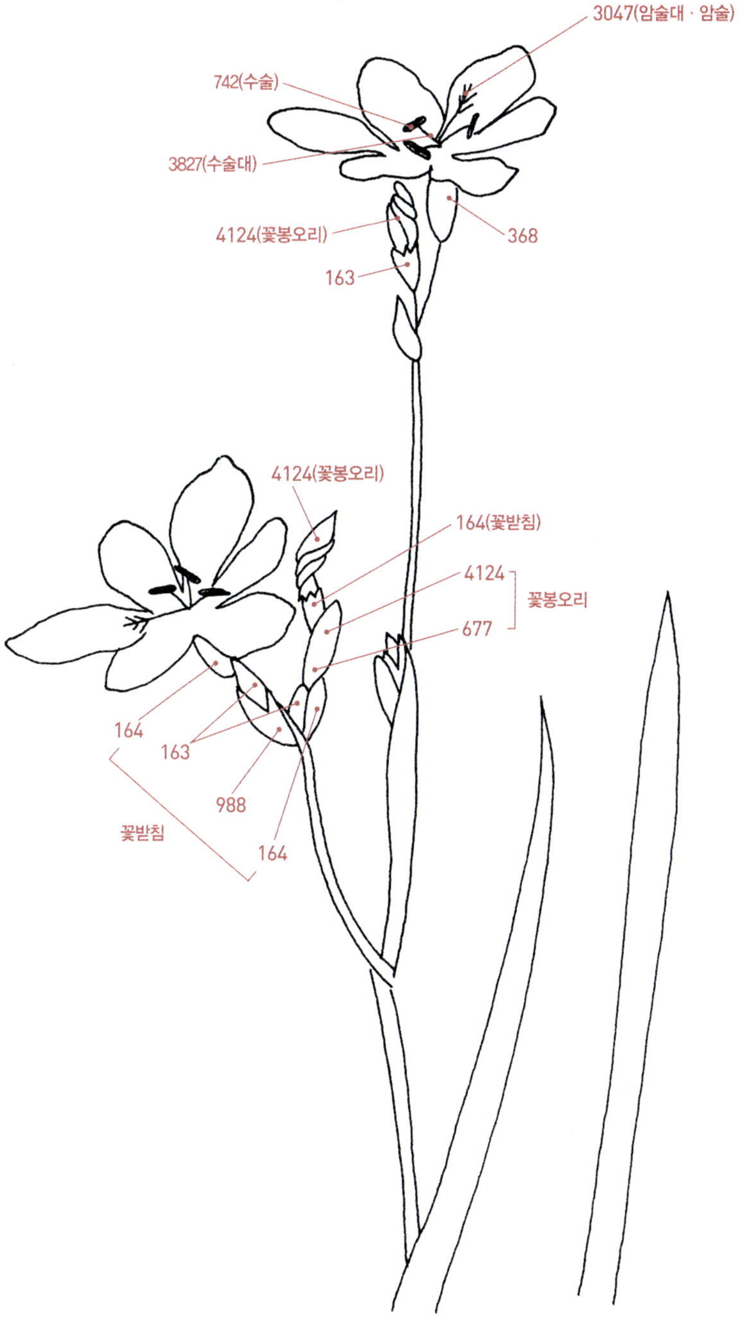

3047(암술대·암술)

742(수술)

3827(수술대)

4124(꽃봉오리)

368

163

4124(꽃봉오리)

164(꽃받침)

4124
677] 꽃봉오리

164

163

988

164

꽃받침

Flower 19
꽃창포

실물 도안

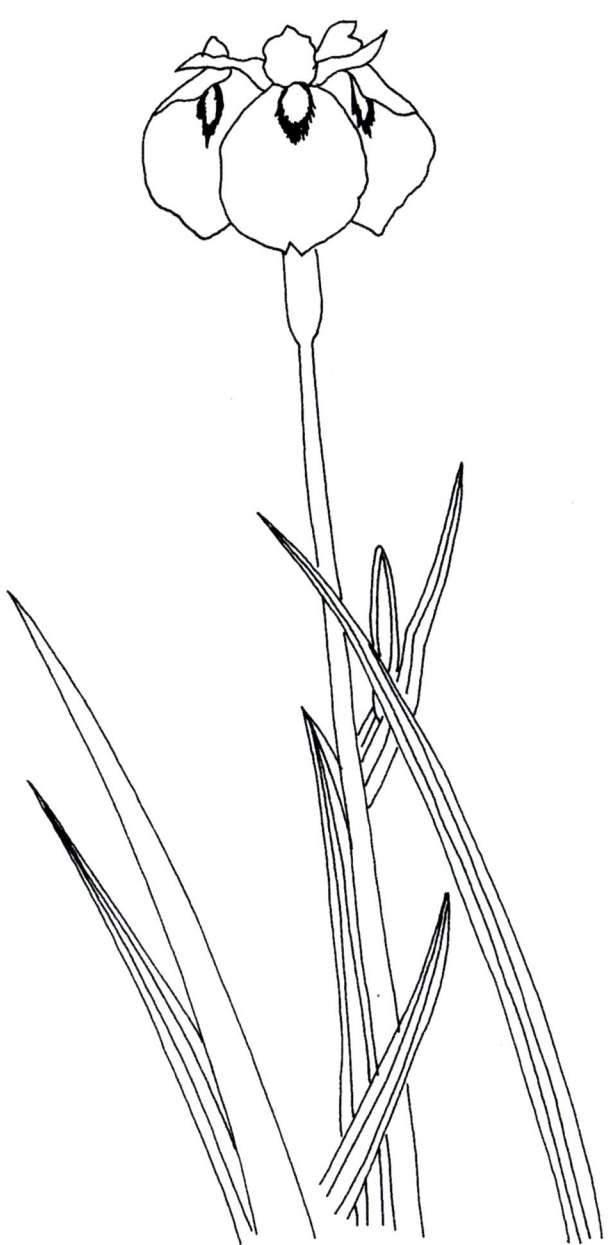

How to Stitch

수놓는 순서
1. 줄기 : 아웃라인 스티치
2. 잎 : 아웃라인 스티치
3. 꽃받침 : 롱앤숏 스티치
4. 꽃 : 롱앤숏 스티치

실 번호
154, 320, 367, 522, 554, 743, 3052, 3362, 3363, 3816, 3834, 3835, 3836

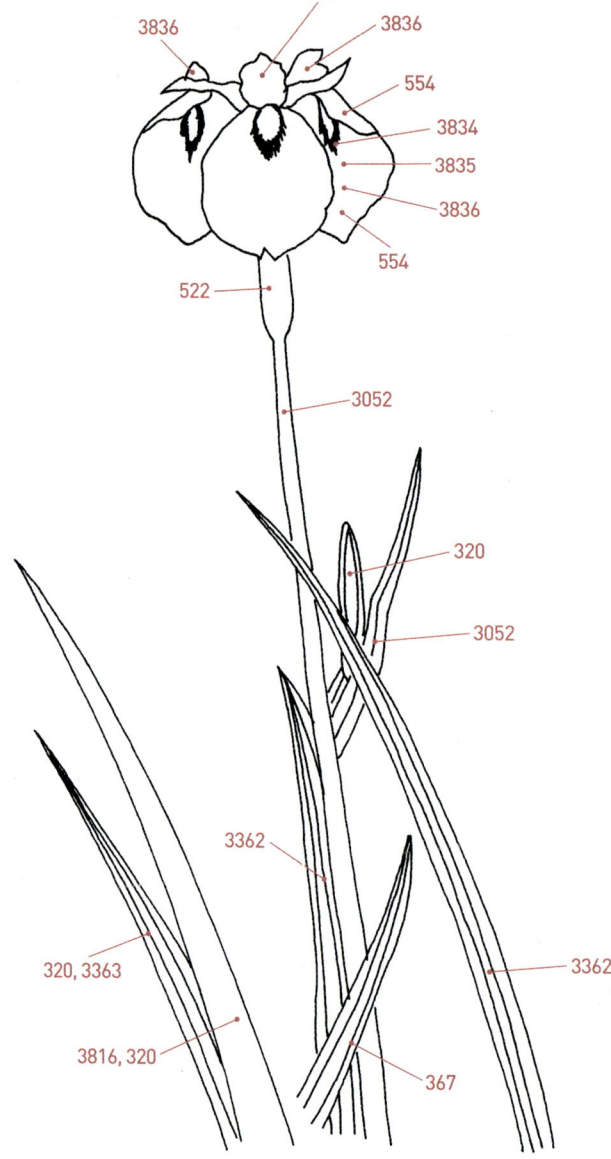

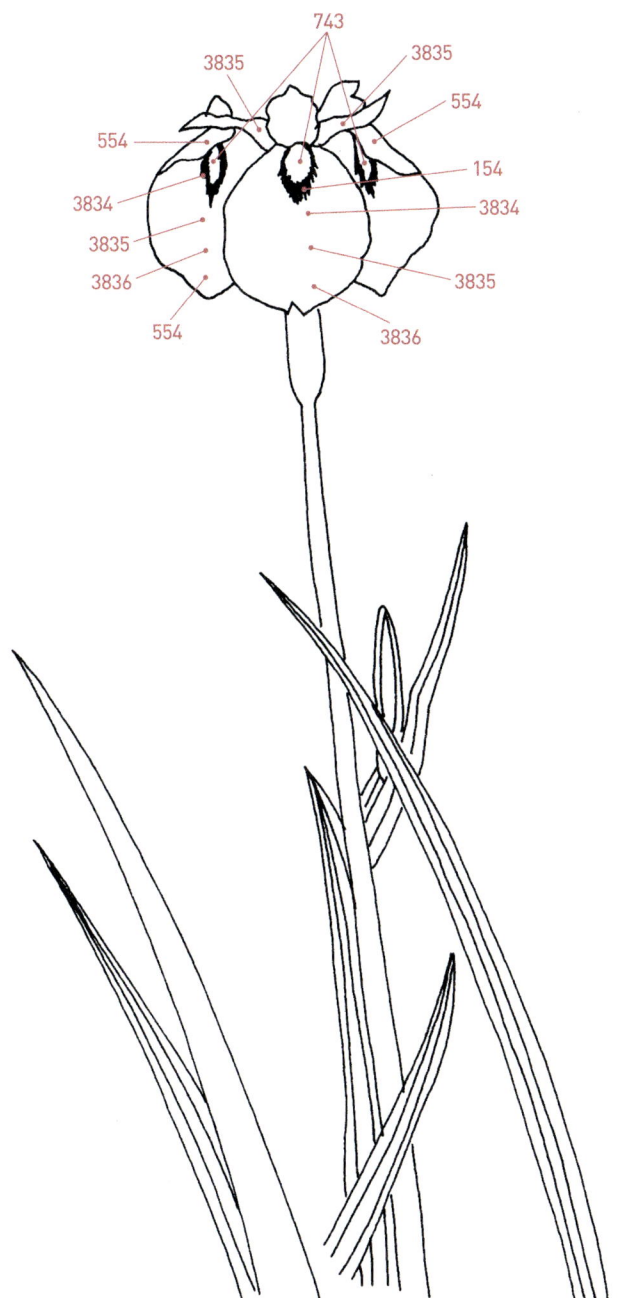

Flower 20
산수국

실물도안

How to Stitch

수놓는 순서

1. 줄기 : 아웃라인 스티치
2. 가지 : 아웃라인 스티치
3. 잎 : 롱앤숏 스티치
4. 잎맥 : 아웃라인 스티치
5. 꽃봉오리 : 프렌치넛 스티치(2겹, 2회 감기)
6. 꽃자루 : 아웃라인 스티치
7. 꽃 : 새틴 스티치
8. 꽃술 : 프렌치넛 스티치(4겹, 1회 감기)

실 번호

161, 168, 320, 368, 369, 451, 502, 503, 762, 772, 928, 3753, 3816, 3817, 4015, 4215, 4220, 4235

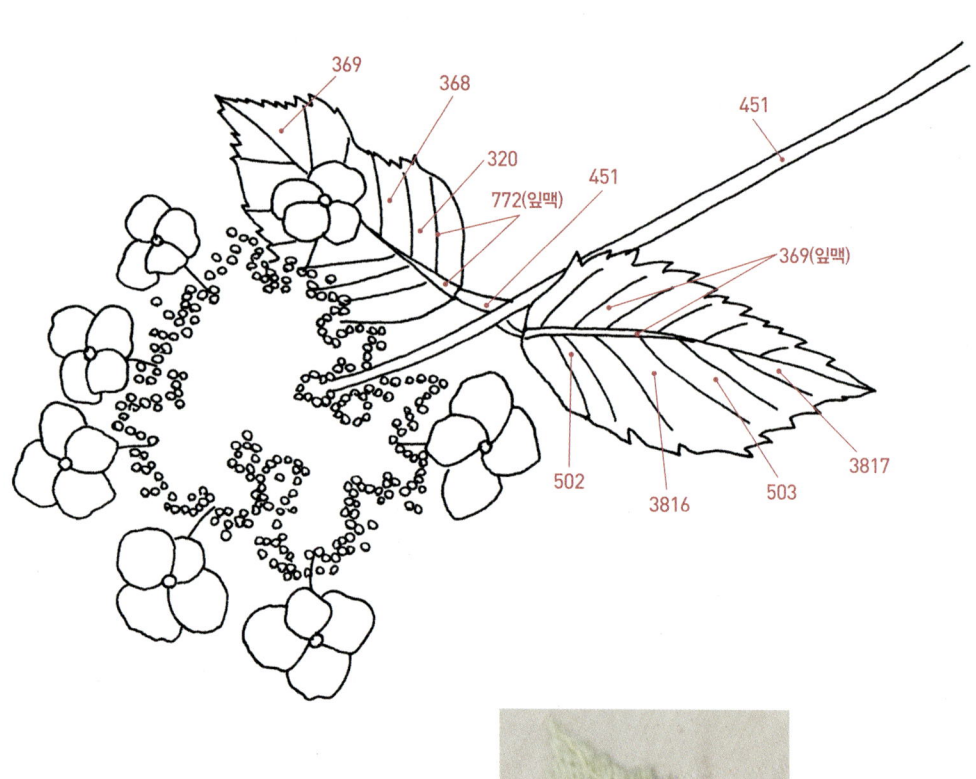

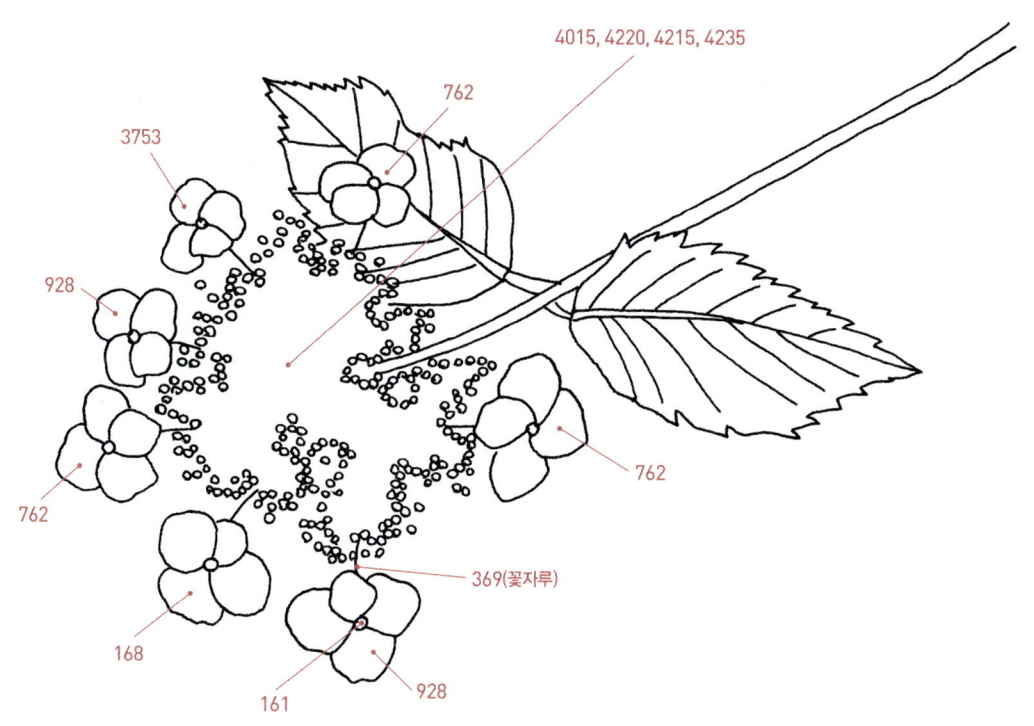

수를 놓다
거닐다

Flower 21
원추리

실물 도안

How to Stitch

수놓는 순서
1. 줄기 : 아웃라인 스티치
2. 잎 : 아웃라인 스티치
3. 꽃봉오리 : 롱앤숏 스티치
4. 꽃 : 롱앤숏 스티치
5. 꽃술
   - 수술대 : 스트레이트 스티치
   - 수술 : 시딩 스티치(2겹)

실 번호
164, 320, 367, 368, 402, 502, 523, 977, 987, 988, 3052, 3362, 3363, 3776, 3825, 3827, 3854, 3855, 3856, 3860

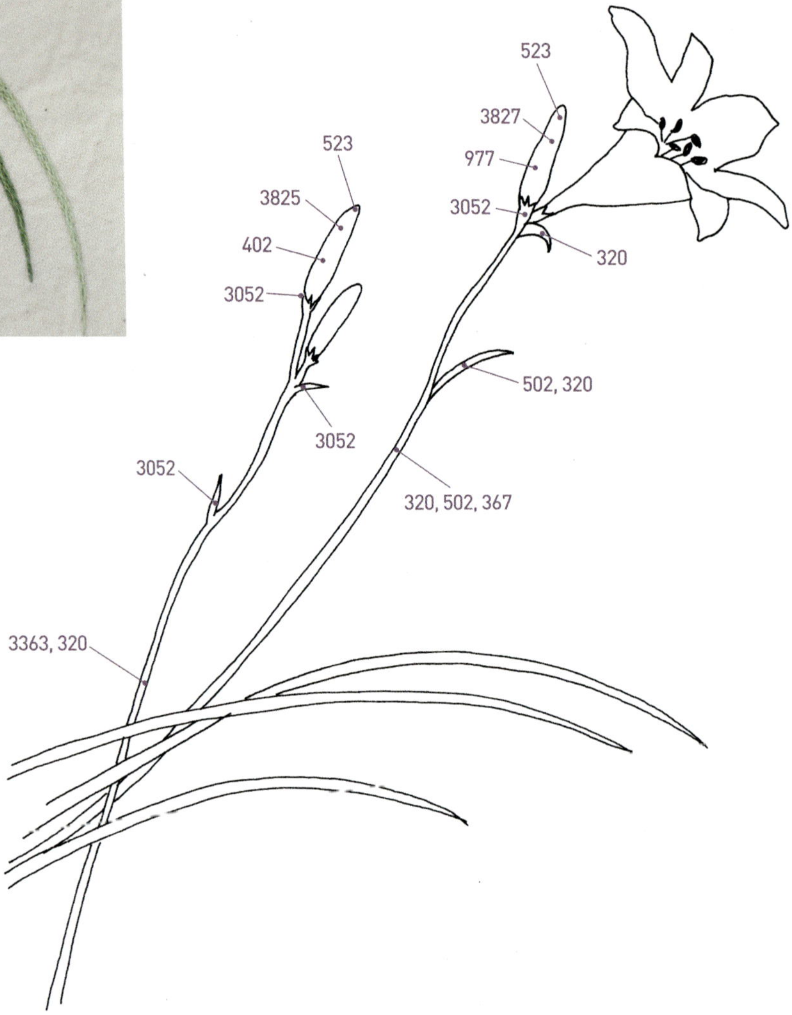

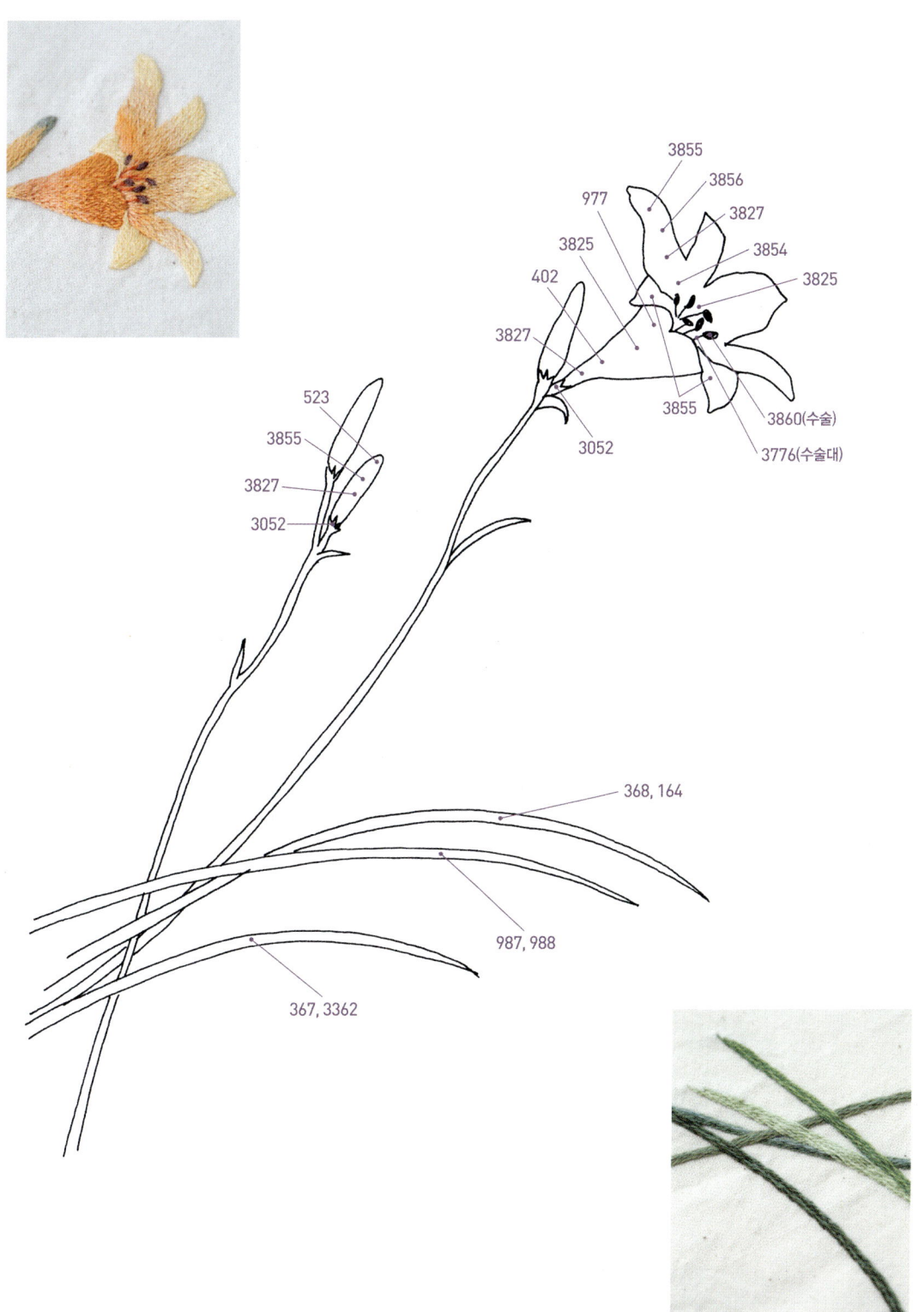

Flower 22
돌가시나무

실물도안

How to Stitch

수놓는 순서

1. 줄기 : 아웃라인 스티치
2. 가지 : 아웃라인 스티치
3. 가시 : 스트레이트 스티치(4겹)
4. 잎 : 새틴 스티치
5. 꽃 : 롱앤숏 스티치
6. 꽃술 : 시딩 스티치(2겹)

실 번호

320, 368, 742, 977, 3051, 3053, 3362, 3363, 3364, 3781, 3827, 3865

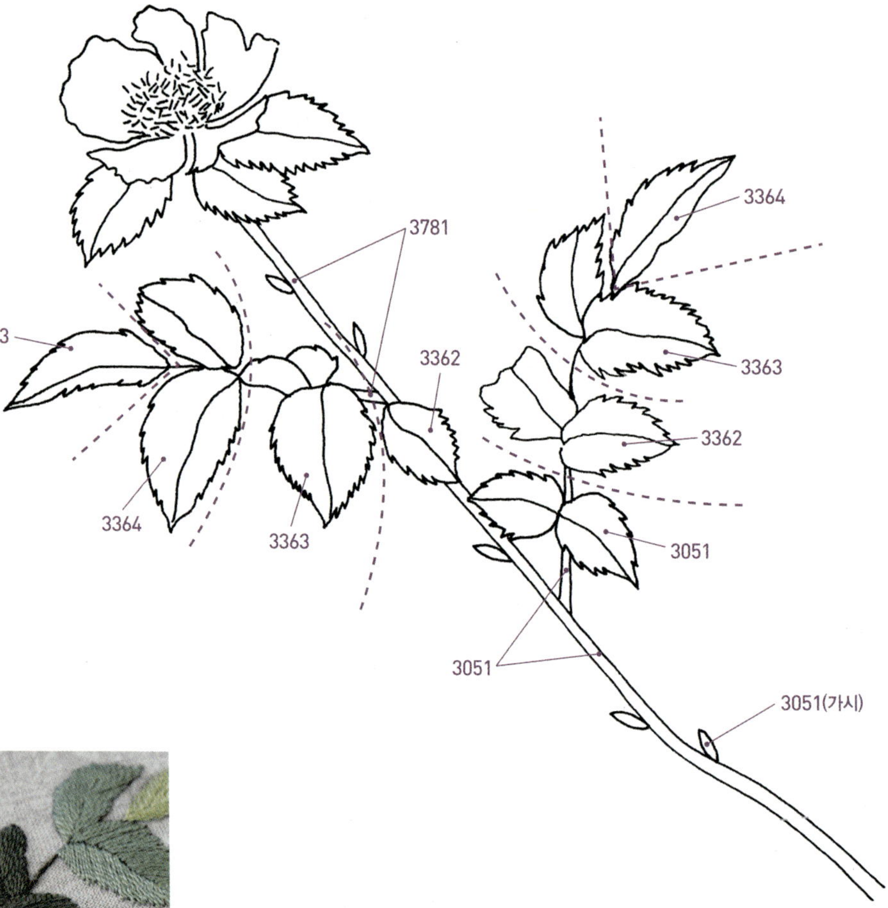

Flower 23

둥근이질풀

실물도안

How to Stitch

수놓는 순서

1. 줄기 : 아웃라인 스티치
2. 가지 : 아웃라인 스티치
3. 잎 : 새틴 스티치
4. 꽃봉오리 : 롱앤숏 스티치
5. 꽃 : 롱앤숏 스티치
6. 꽃술
 – 수술 : 시딩 스티치(2겹)
 – 암술 : 스트레이트 스티치(4겹)

실 번호

320, 367, 368, 451, 502, 522, 523, 604, 605, 738, 963, 3041, 3052, 3363, 3364, 3609, 3689, 3716

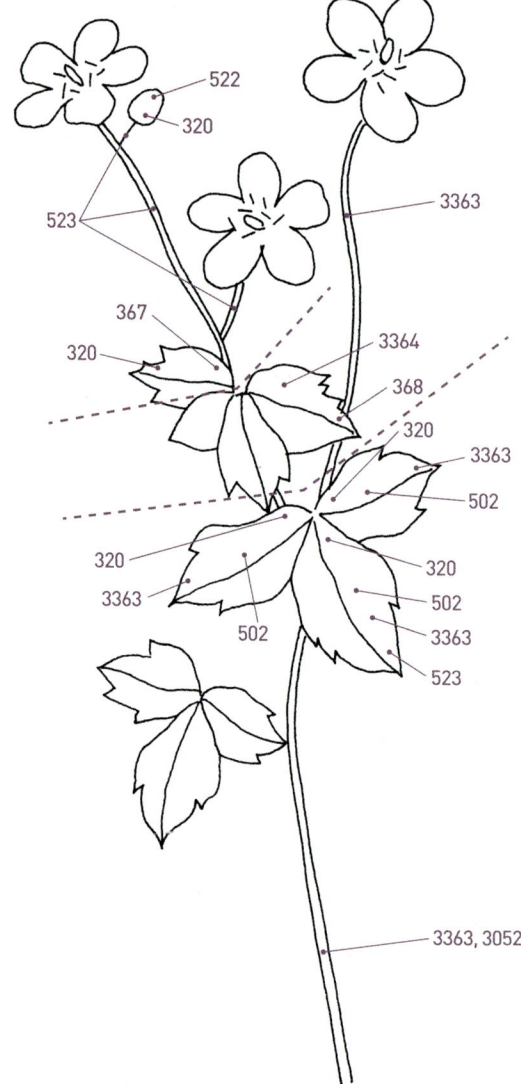

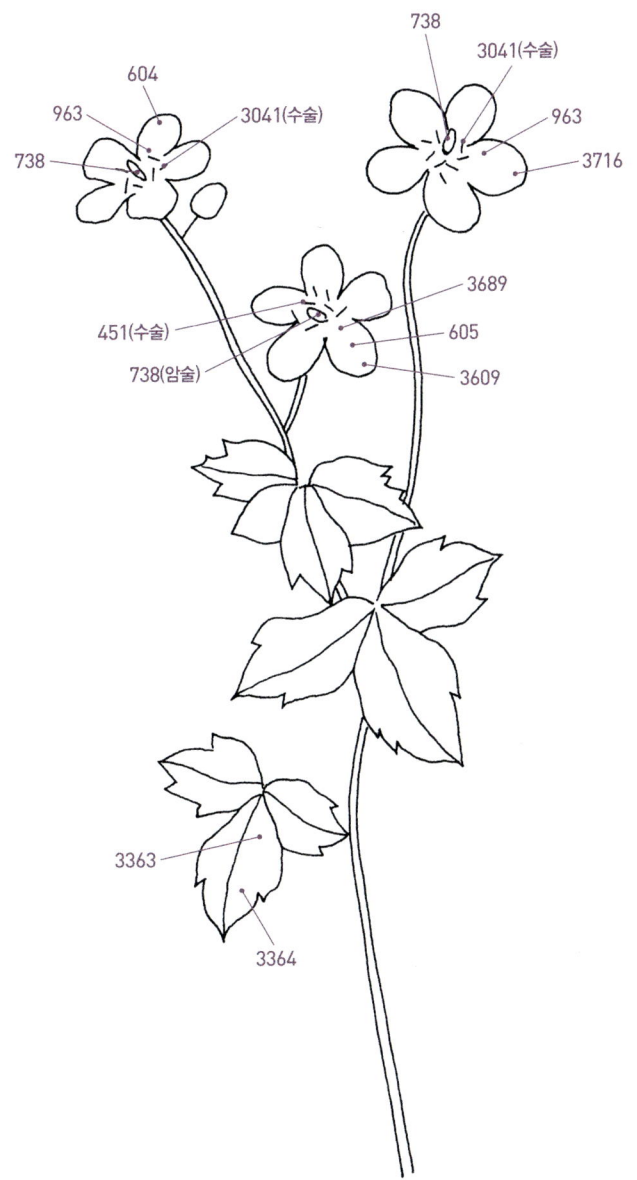

Flower 24
개미취

실물 도안

How to Stitch

수놓는 순서
1. 줄기 : 아웃라인 스티치
2. 가지 : 아웃라인 스티치
3. 잎 : 롱앤숏 스티치
4. 꽃봉오리 : 스트레이트 스티치
5. 꽃받침 : 롱앤숏 스티치
6. 꽃술 : 프렌치넛 스티치(1겹, 2회 감기)
7. 꽃 : 아웃라인 스티치

실 번호
155, 156, 320, 340, 341, 367, 502, 522, 743, 746, 3053, 3363, 3746, 3747, 3821

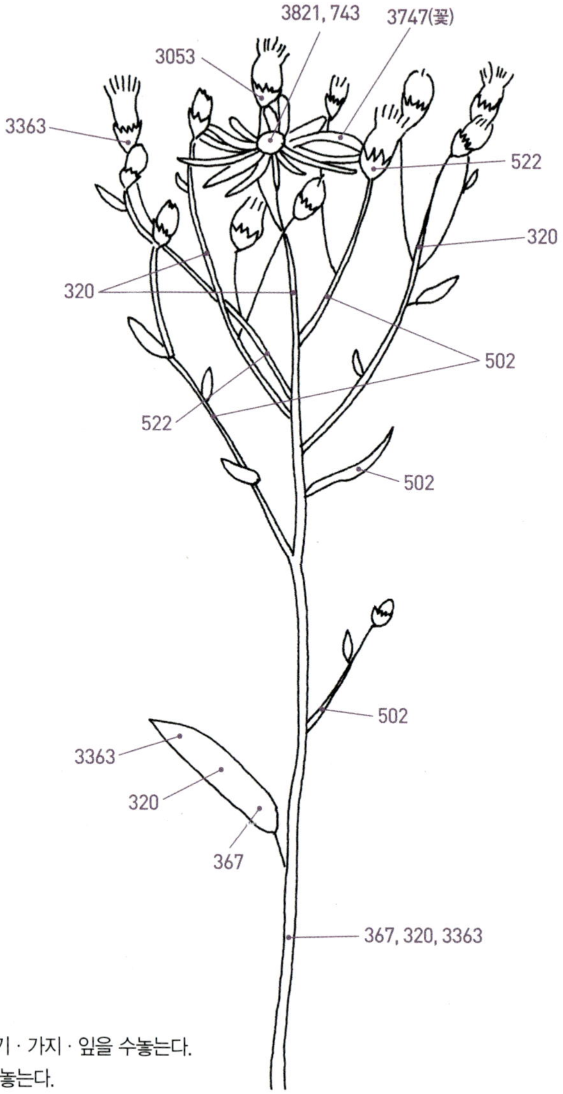

※ 줄기 · 가지 · 잎에 사용한 색깔로 나머지 줄기 · 가지 · 잎을 수놓는다.
※ 꽃받침에 사용한 색깔로 나머지 꽃받침을 수놓는다.

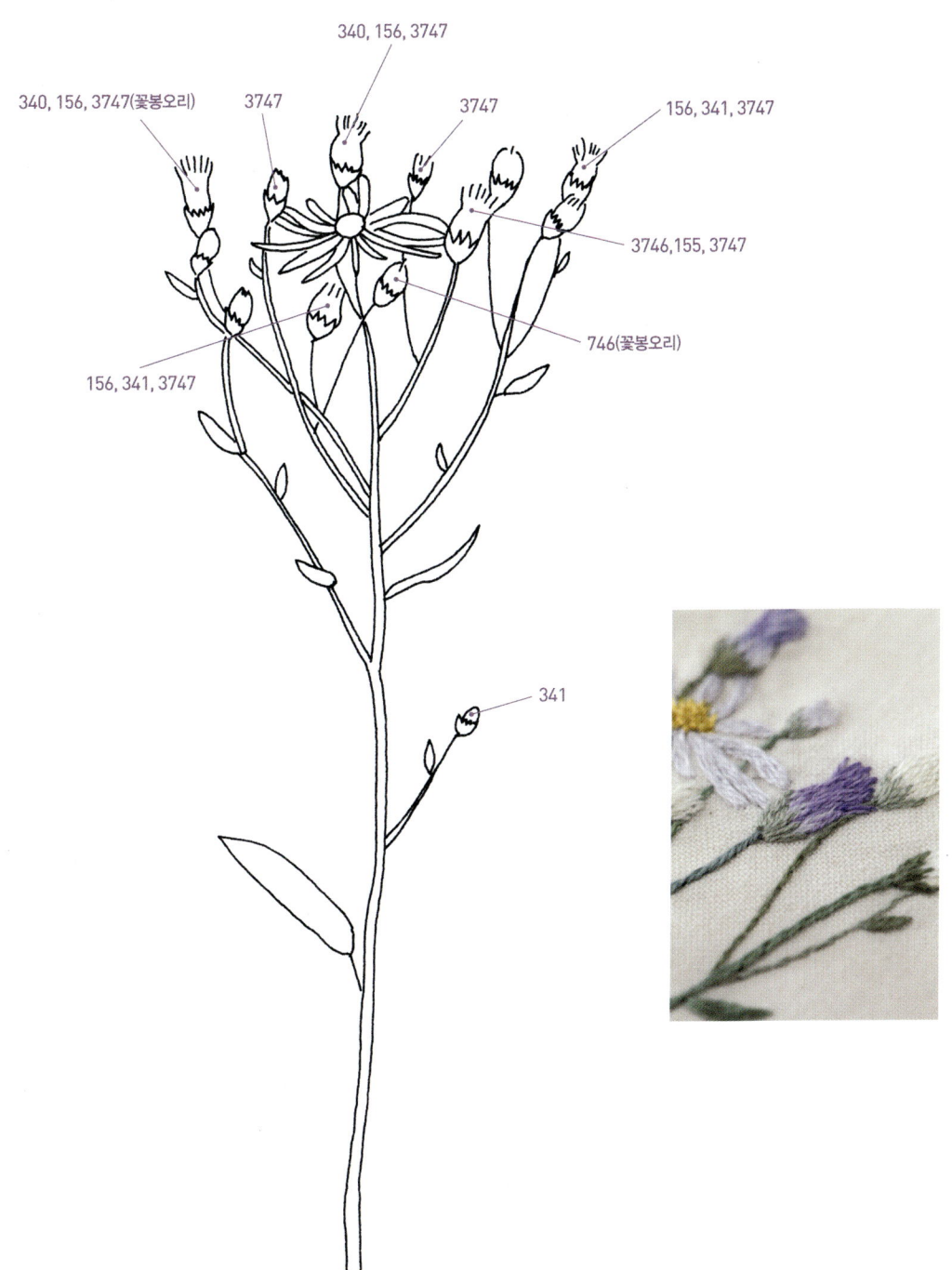

※ 746번으로 나머지 꽃봉오리를 수놓는다.

Flower 25

버들분취

실물도안

How to Stitch

수놓는 순서
1. 줄기 : 아웃라인 스티치
2. 가지 : 아웃라인 스티치
3. 잎 : 아웃라인 스티치
4. 꽃받침 : 롱앤숏 스티치(2겹)
5. 꽃봉오리 : 새틴 스티치
6. 꽃 : 롱앤숏 스티치

실 번호
209, 316, 320, 520, 522, 552, 553, 554, 645, 935, 3021, 3022, 3051, 3052, 3362, 3363, 3727, 3781, 3787, 3835

줄기 · 가지

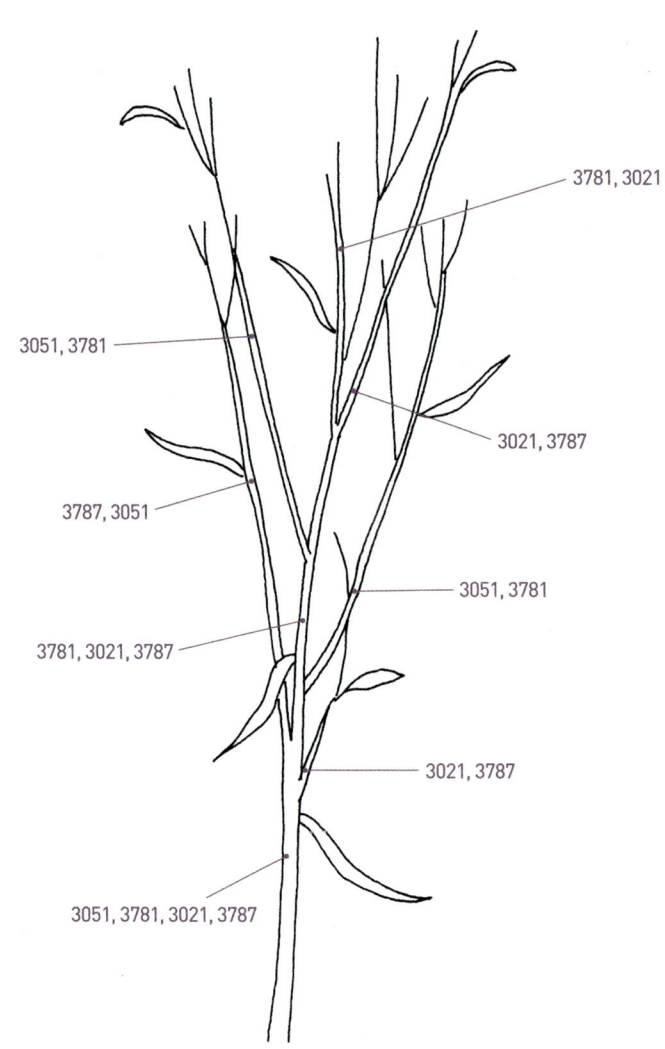

3781, 3021
3051, 3781
3021, 3787
3787, 3051
3051, 3781
3781, 3021, 3787
3021, 3787
3051, 3781, 3021, 3787

※ 줄기에 사용한 색깔로 나머지 가지를 수놓는다.

잎

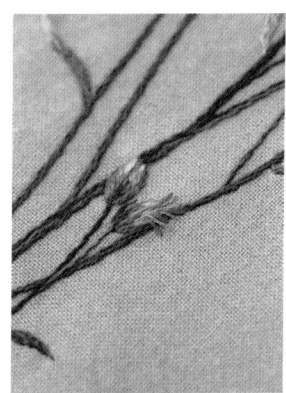

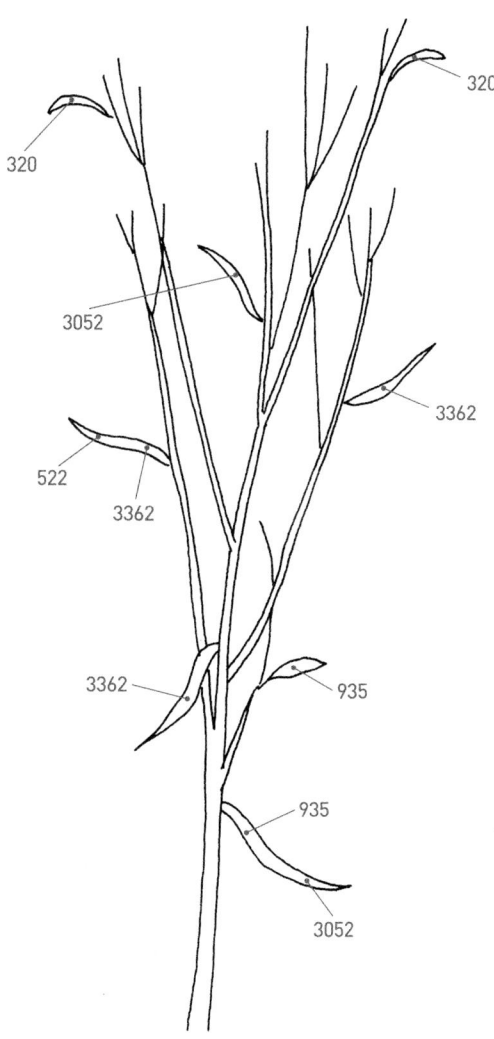

꽃받침 · 꽃봉오리

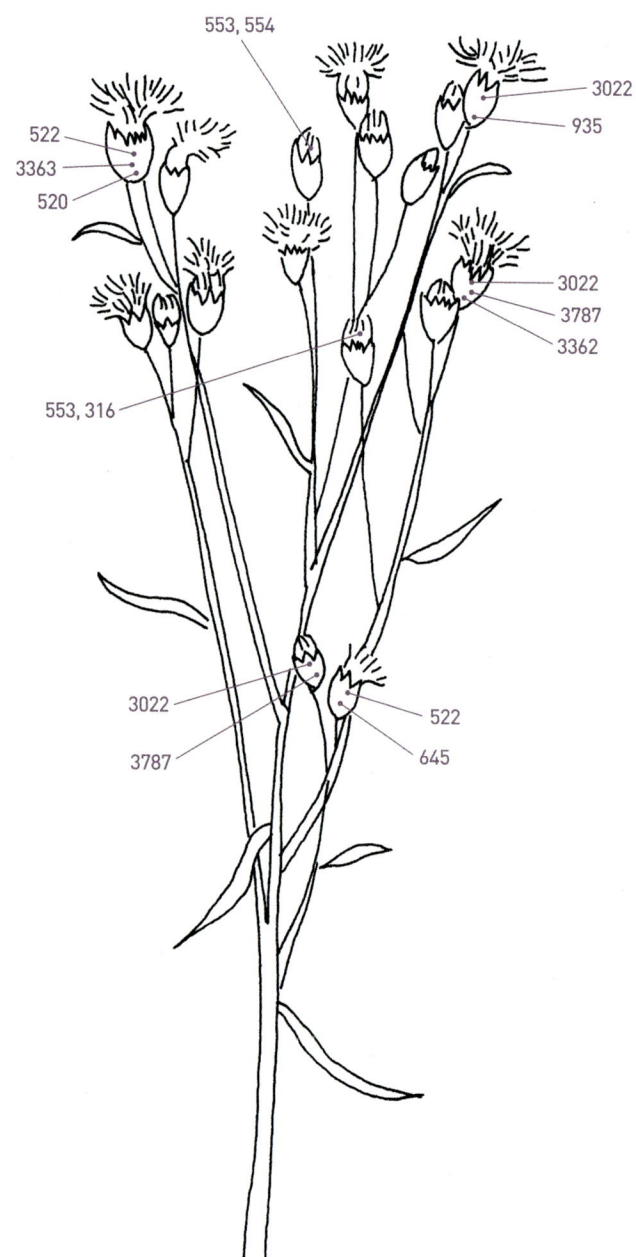

※ 2개씩 구분된 색깔별로 나머지 꽃봉오리를 수놓는다.
※ 2~3개씩 구분된 색깔별로 나머지 꽃받침을 수놓는다.

꽃

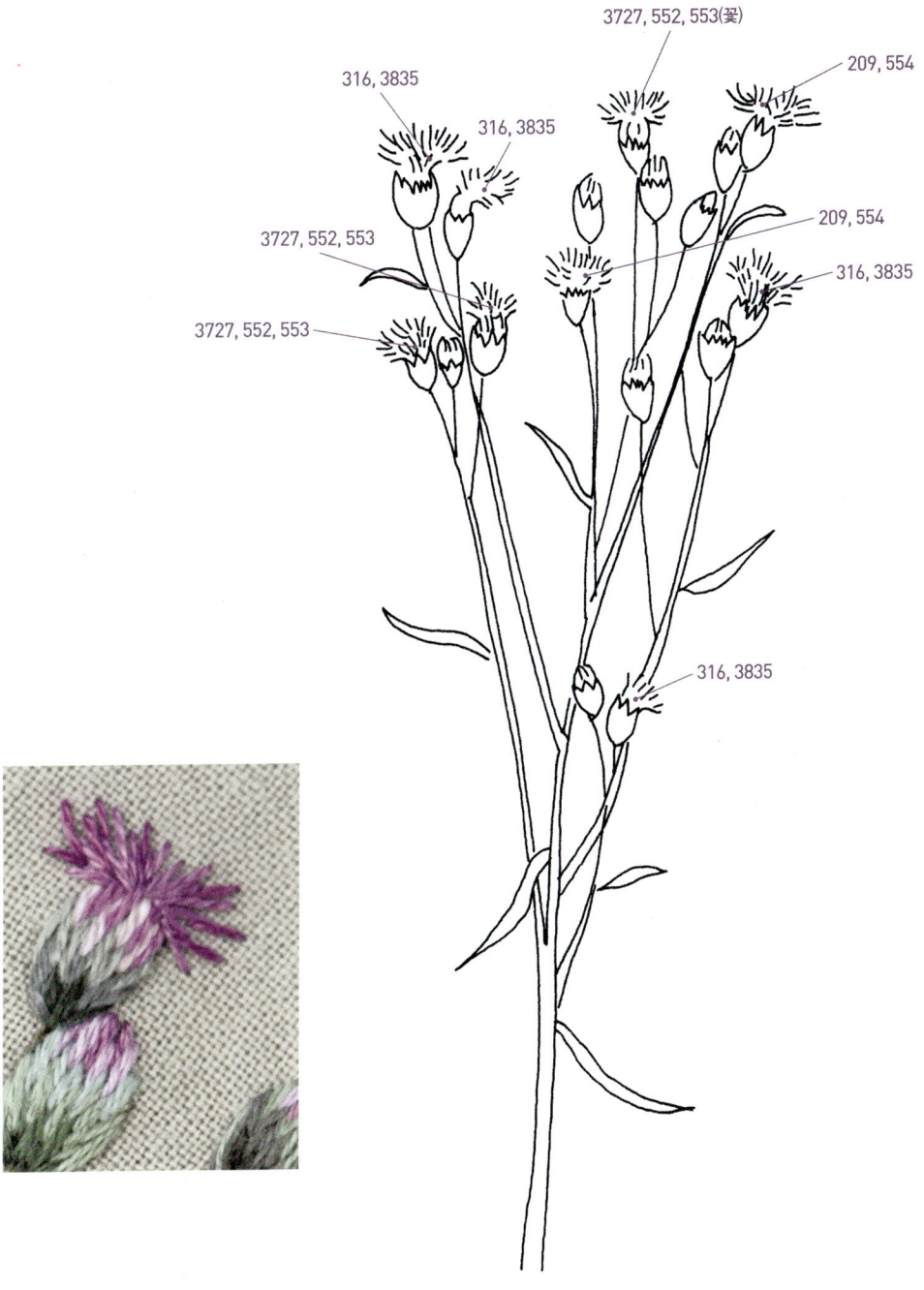

Flower 26
금불초

실물 도안

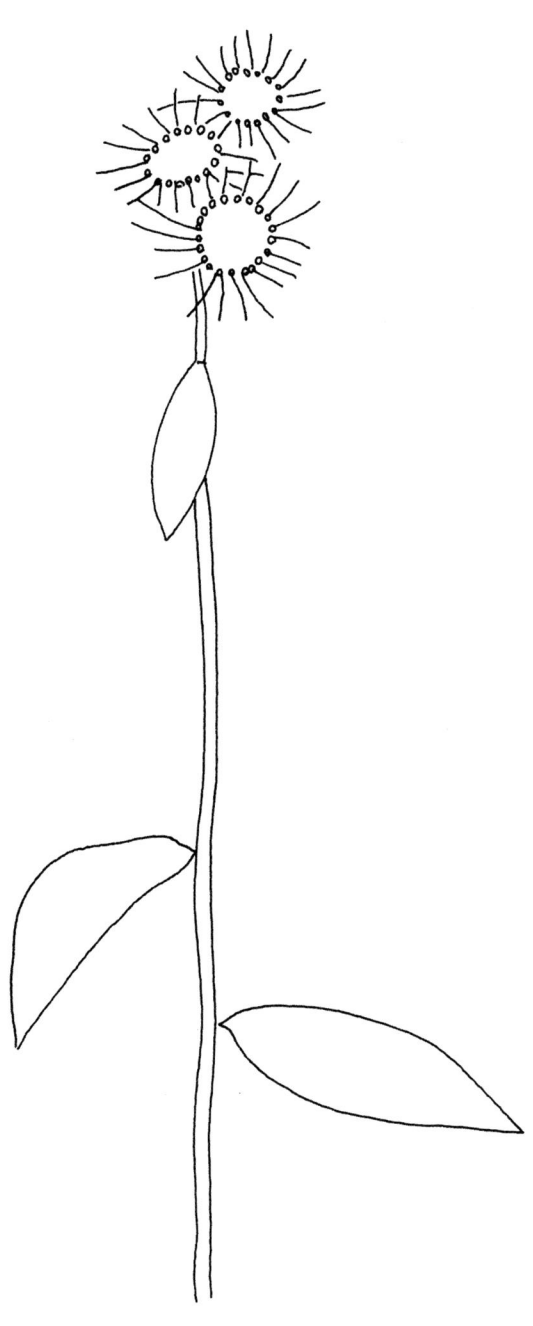

How to Stitch

수놓는 순서

1. 줄기 : 아웃라인 스티치
2. 잎 : 롱앤숏 스티치
3. 꽃술 : 프렌치넛 스티치(2겹, 1회 감기)
4. 꽃 : 스트레이트 스티치(4~6겹)

실 번호

164, 320, 367, 368, 402, 501, 522, 729, 783, 976, 977, 3363, 3771, 3776, 3826, 3827, 3852, 3856

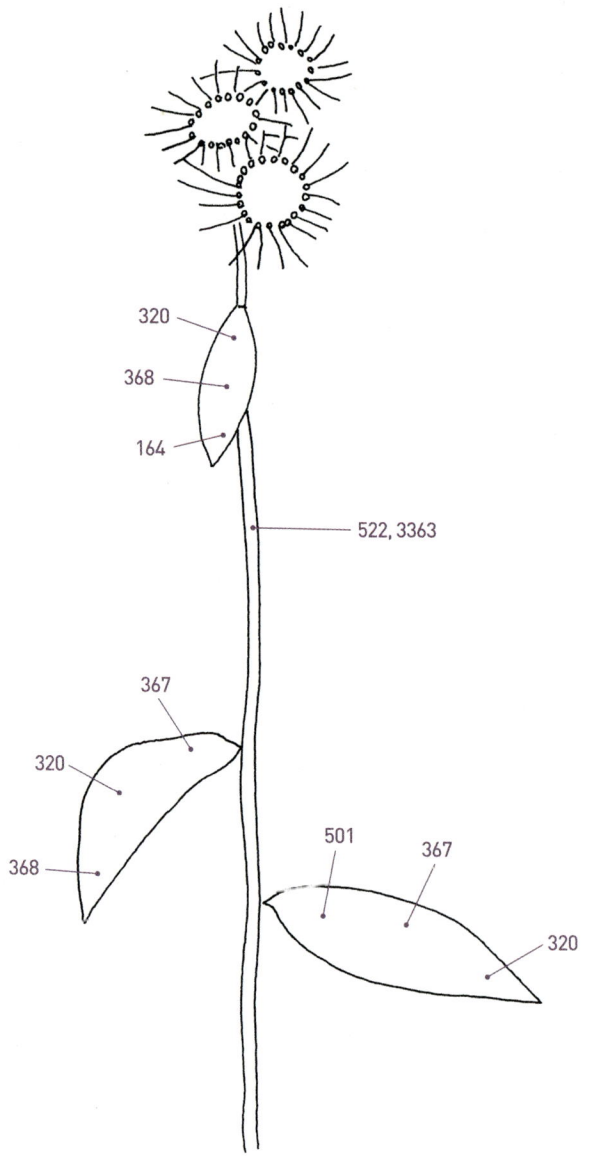

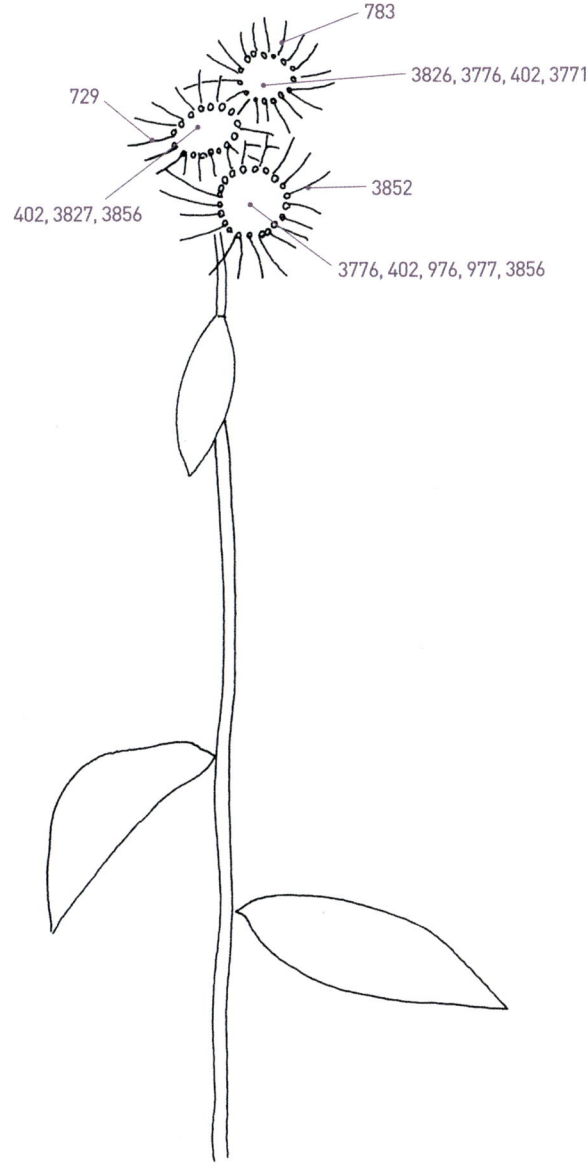

Flower 27
까치수영

실물 도안

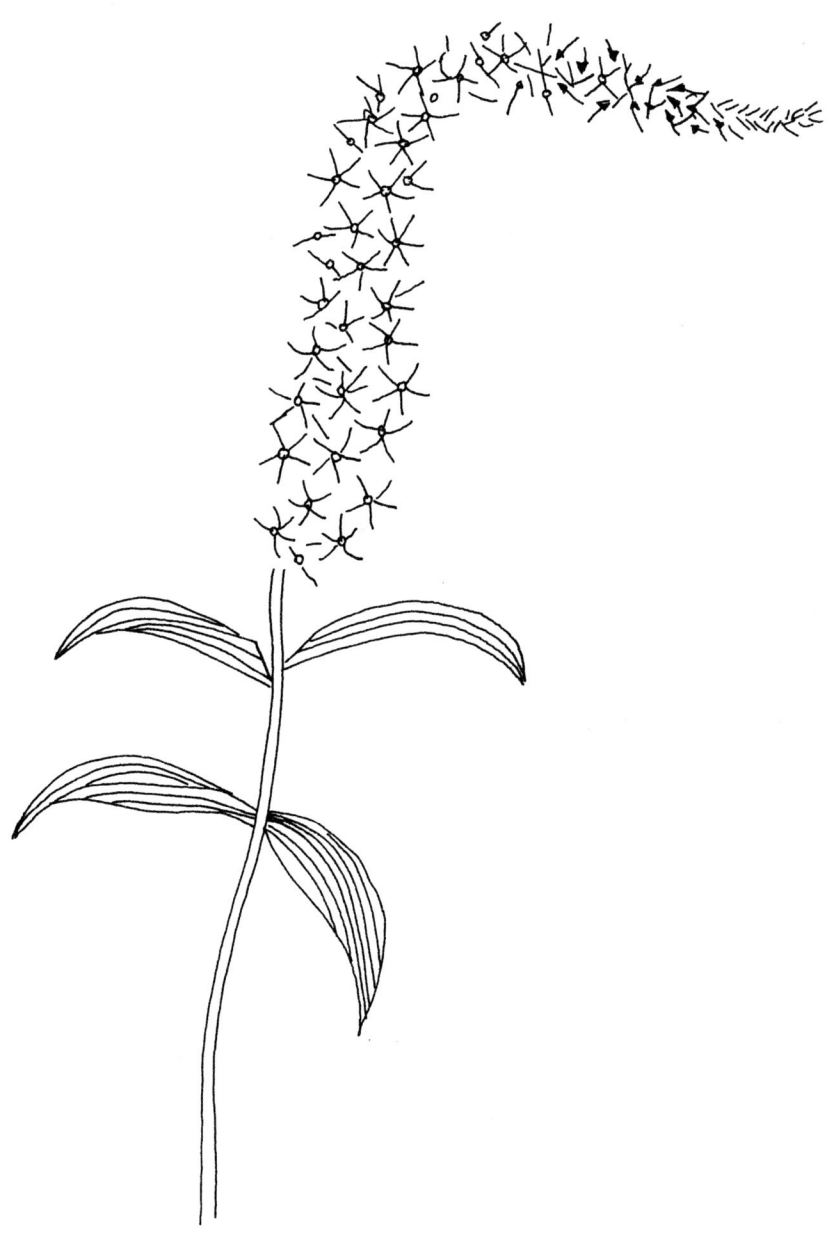

How to Stitch

수놓는 순서

1. 줄기 : 아웃라인 스티치
2. 가지 : 스트레이트 스티치
3. 잎 : 아웃라인 스티치
4. 꽃봉오리 : 스트레이트 스티치(4겹)
5. 꽃받침 : 스트레이트 스티치(2겹)
6. 꽃 : 스트레이트 스티치(4겹)
7. 꽃술 : 프렌치넛 스티치(2겹, 1회 감기)

실 번호

164, 320, 367, 369, 640, 772, 3052, 3362, 3363, 3364, 3865

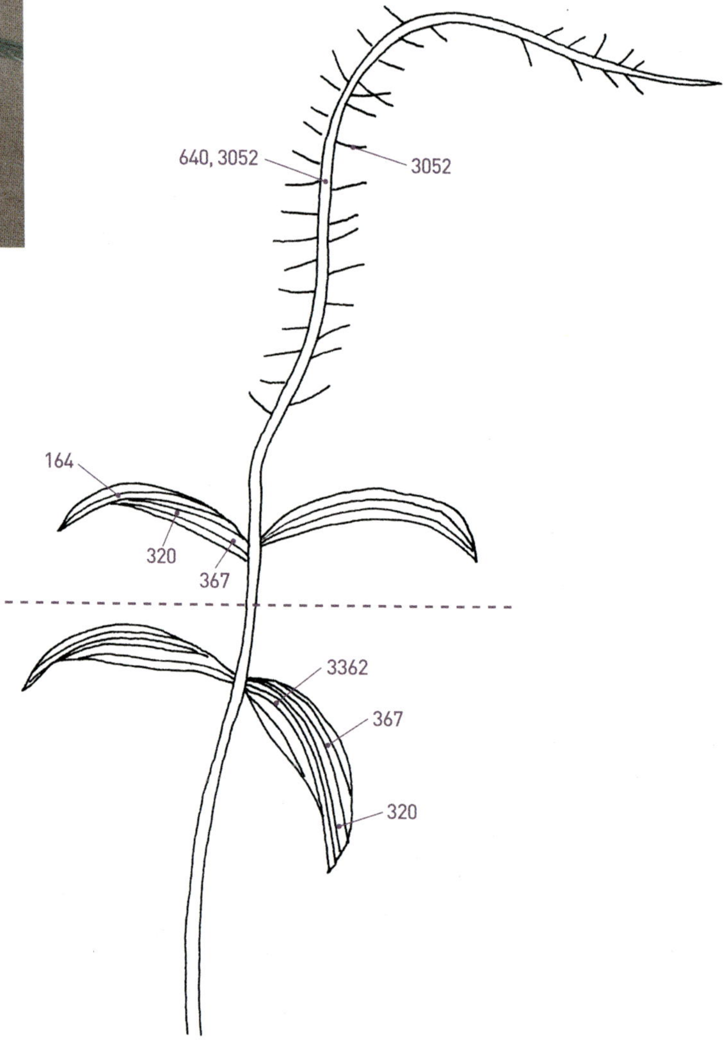

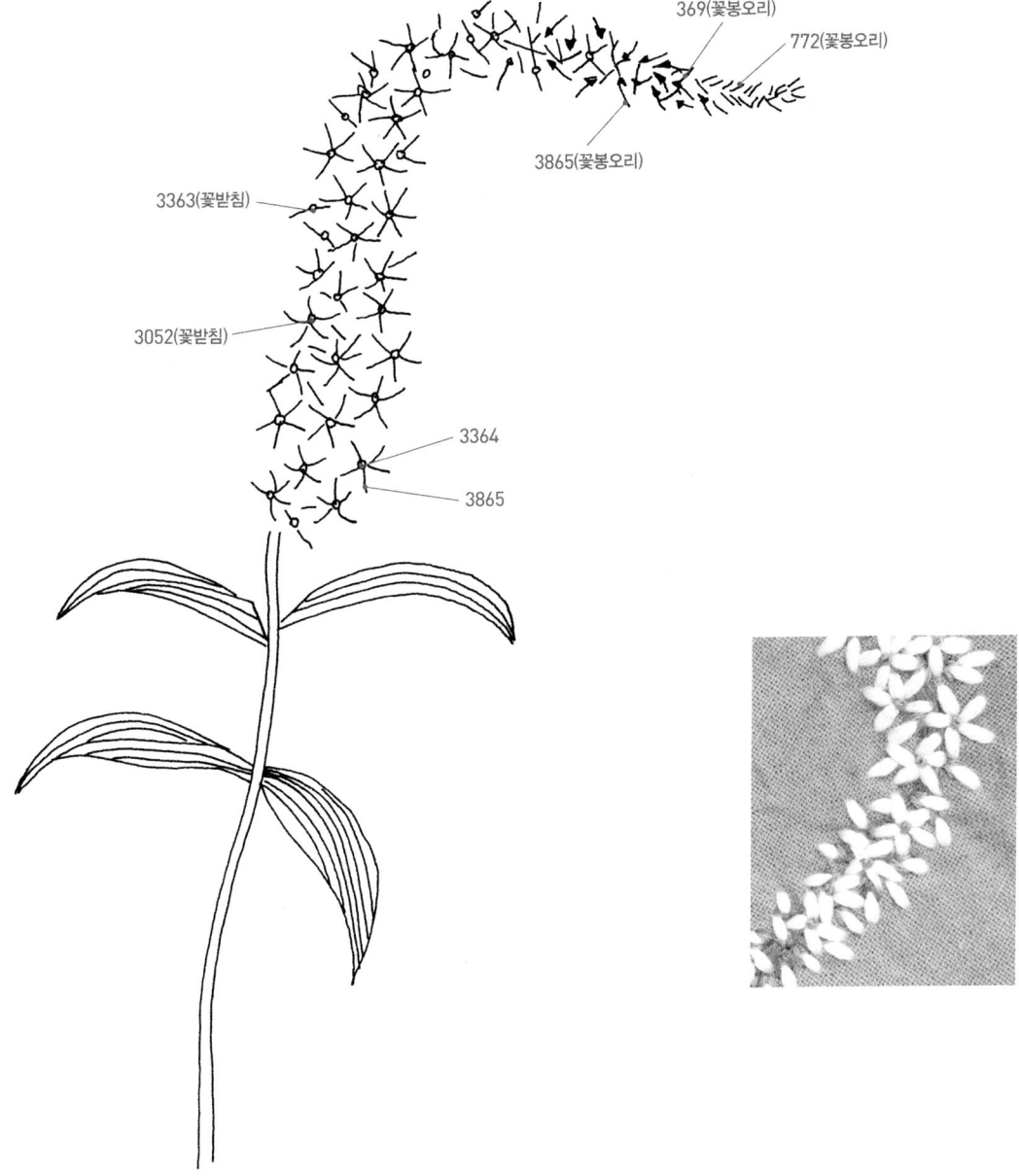

Flower 28
수리취

실물 도안

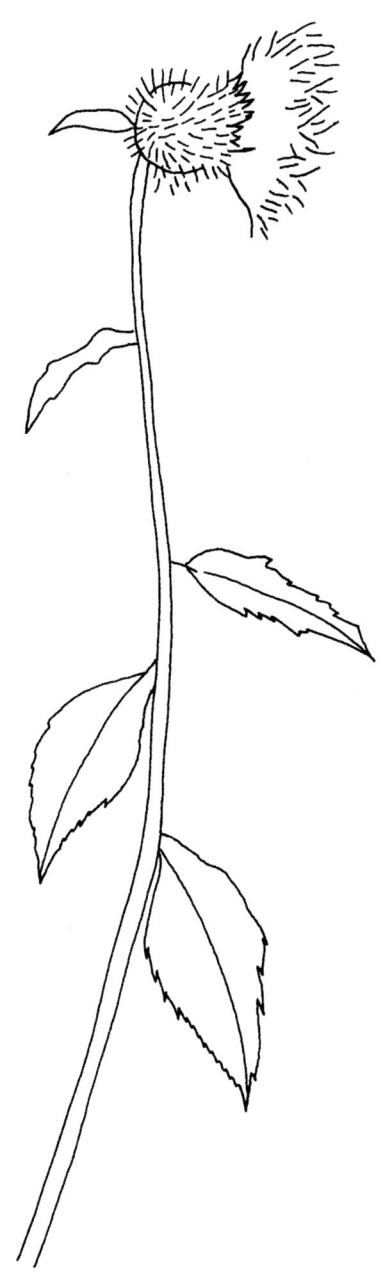

How to Stitch

수놓는 순서

1. 줄기 : 아웃라인 스티치
2. 잎 : 새틴 스티치
3. 꽃
   - 3024, 168 : 롱앤숏 스티치
   - 4045, 368 : 스트레이트 스티치
   - 600, 3350, 320 / 779, 3740, 3860 : 롱앤숏 스티치

실 번호

168, 320, 367, 368, 522, 600, 779, 935, 987, 3024, 3350, 3362, 3363, 3740, 3860, 4045

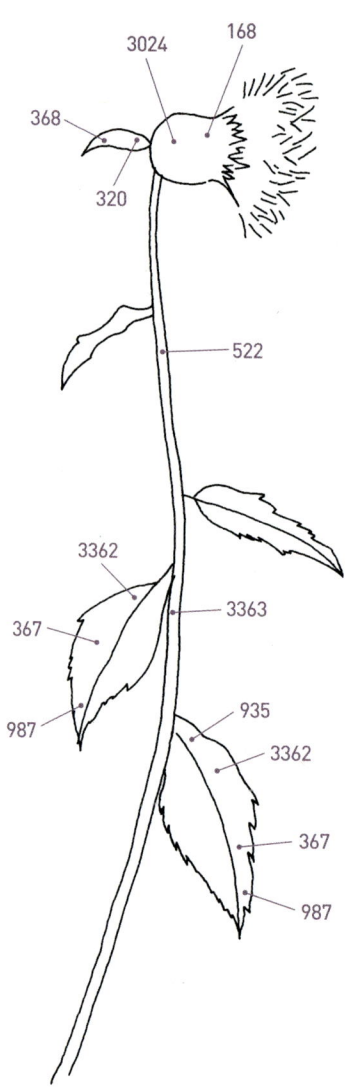

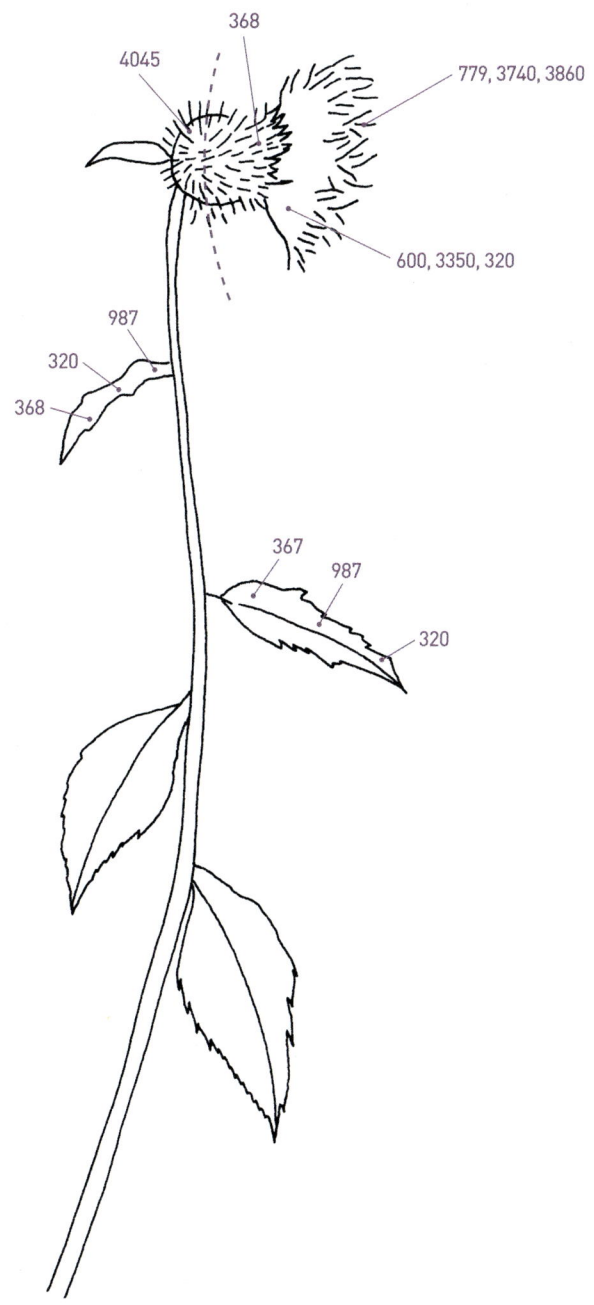

Flower 29
톱풀

실물 도안

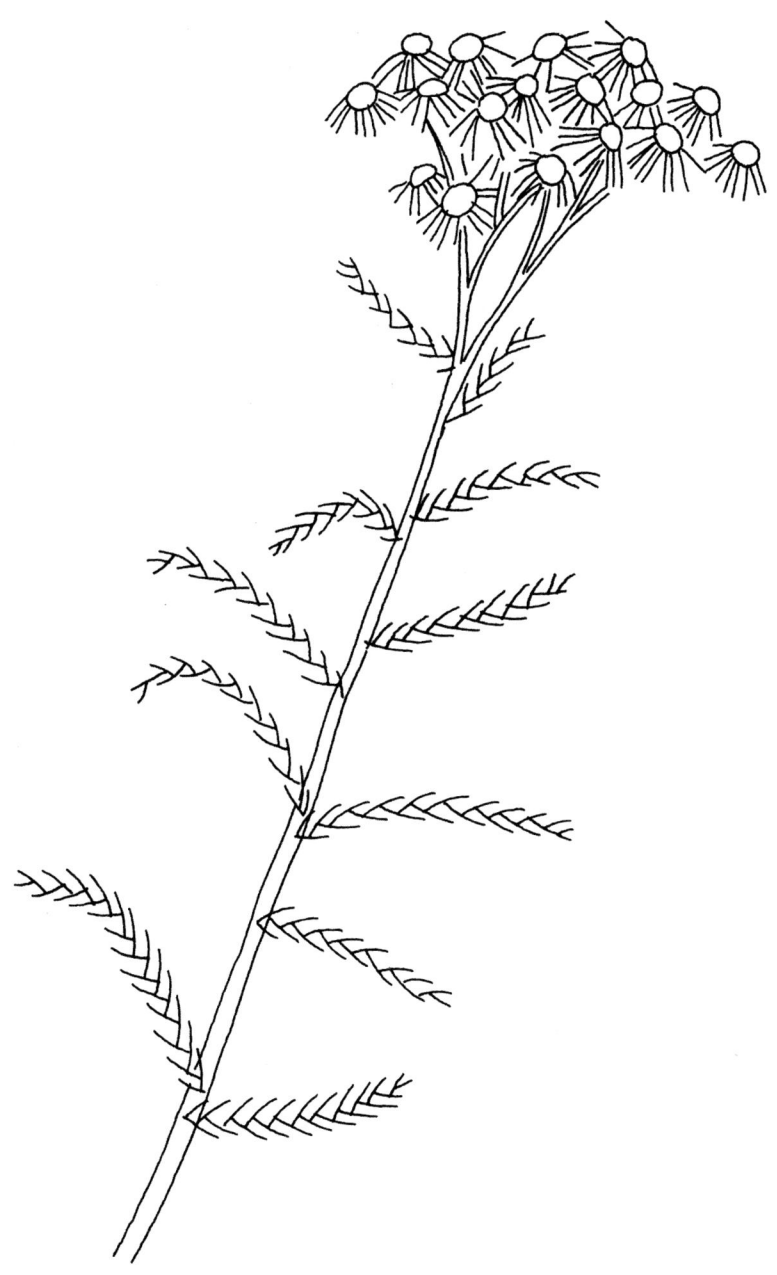

How to Stitch

수놓는 순서

1. 줄기 : 아웃라인 스티치
2. 가지 : 아웃라인 스티치
3. 잎 : 스트레이트 스티치(2겹)
4. 꽃술 : 프렌치넛 스티치(2겹, 1회 감기)
5. 꽃 : 스트레이트 스티치(2겹)

실 번호

320, 367, 613, 677, 772, 3051, 3052, 3362, 3363, 3364, 3865

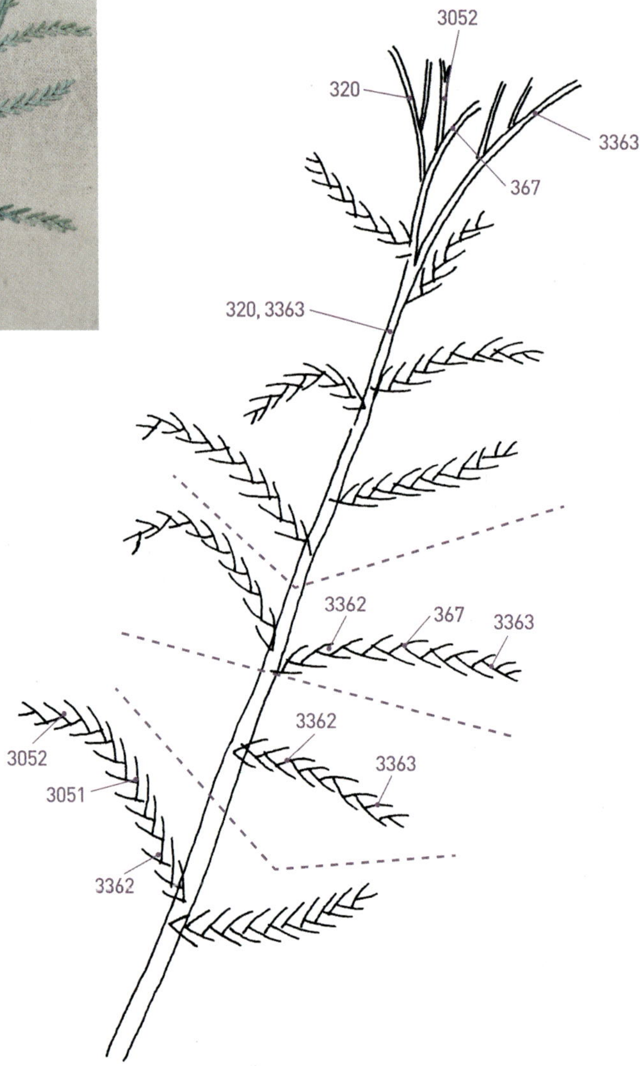

※ 가지에 사용한 색깔로 나머지 가지를 수놓는다.

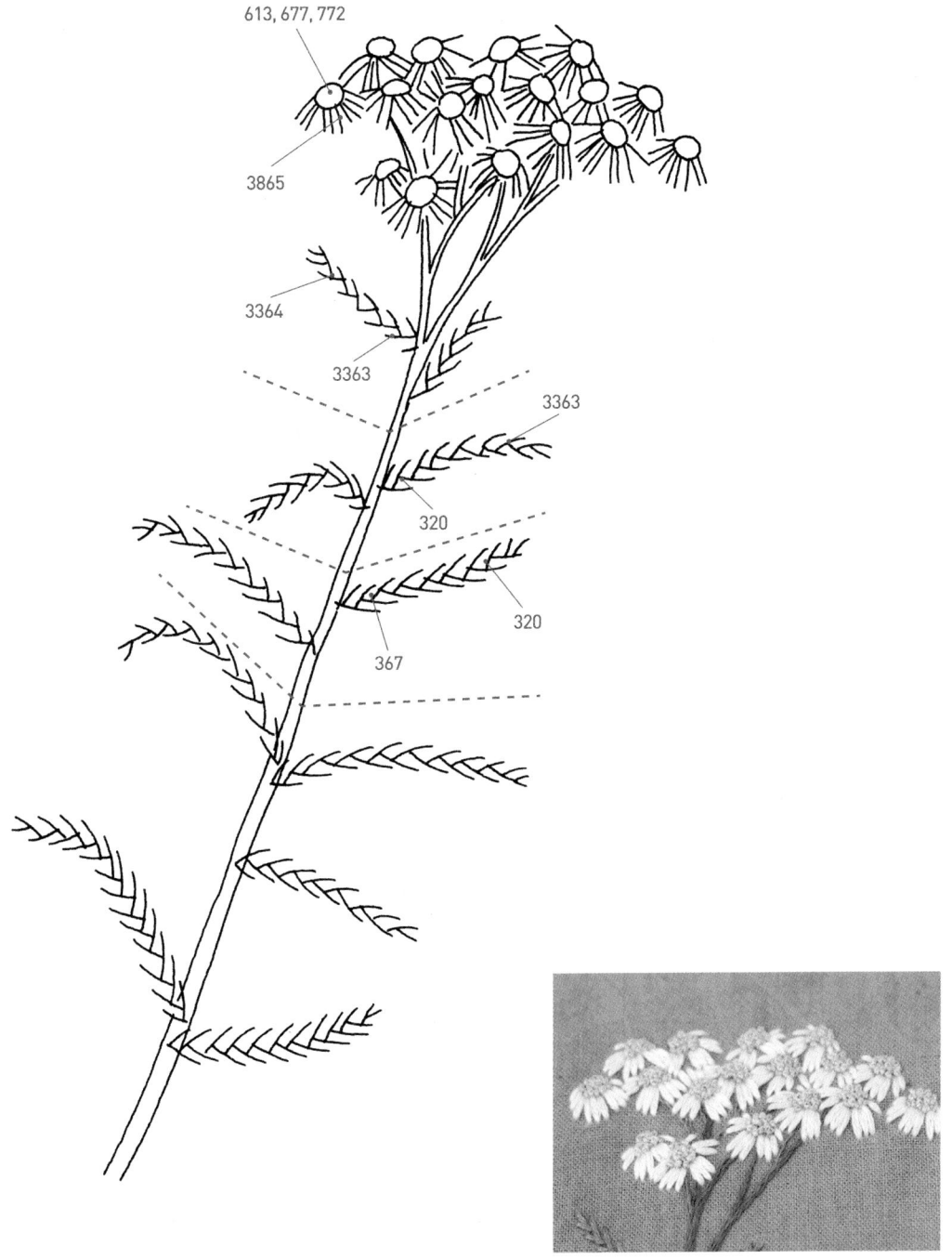

Flower 30
포천구절초

실물도안

How to Stitch

수놓는 순서

1. 줄기 : 아웃라인 스티치
2. 가지 : 아웃라인 스티치
3. 잎 : 스트레이트 스티치(2겹)
4. 꽃술 : 프렌치넛 스티치(2겹, 1회 감기)
5. 꽃봉오리 : 스트레이트 스티치(2겹)
6. 꽃받침 : 스트레이트 스티치(2겹)
7. 꽃 : 스트레이트 스티치(4~6겹)

실 번호

151, 320, 367, 368, 369, 502, 520, 523, 742, 743, 760, 761, 838, 839, 977, 987, 3021, 3031, 3051, 3052, 3347, 3354, 3363, 3713, 3781, 3823, 3854, 3865, 4170

줄기 · 가지

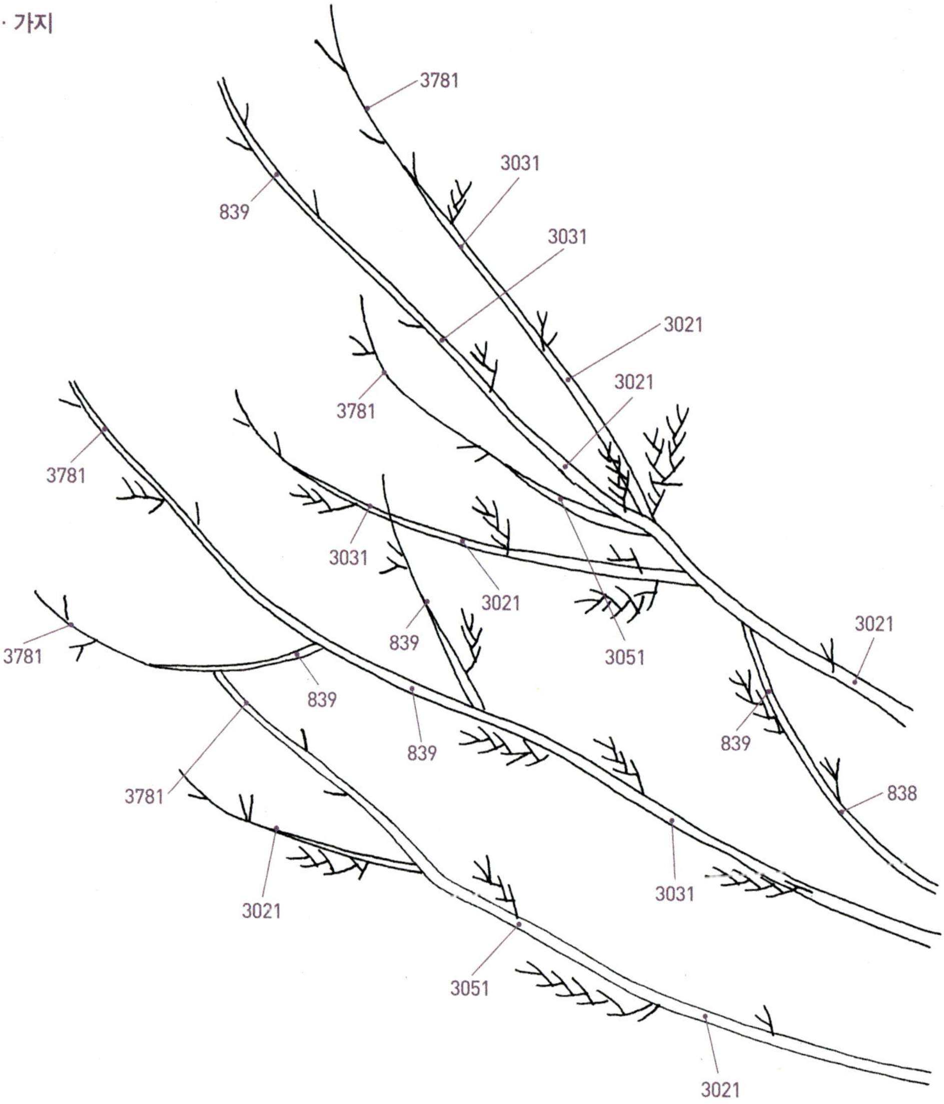

잎

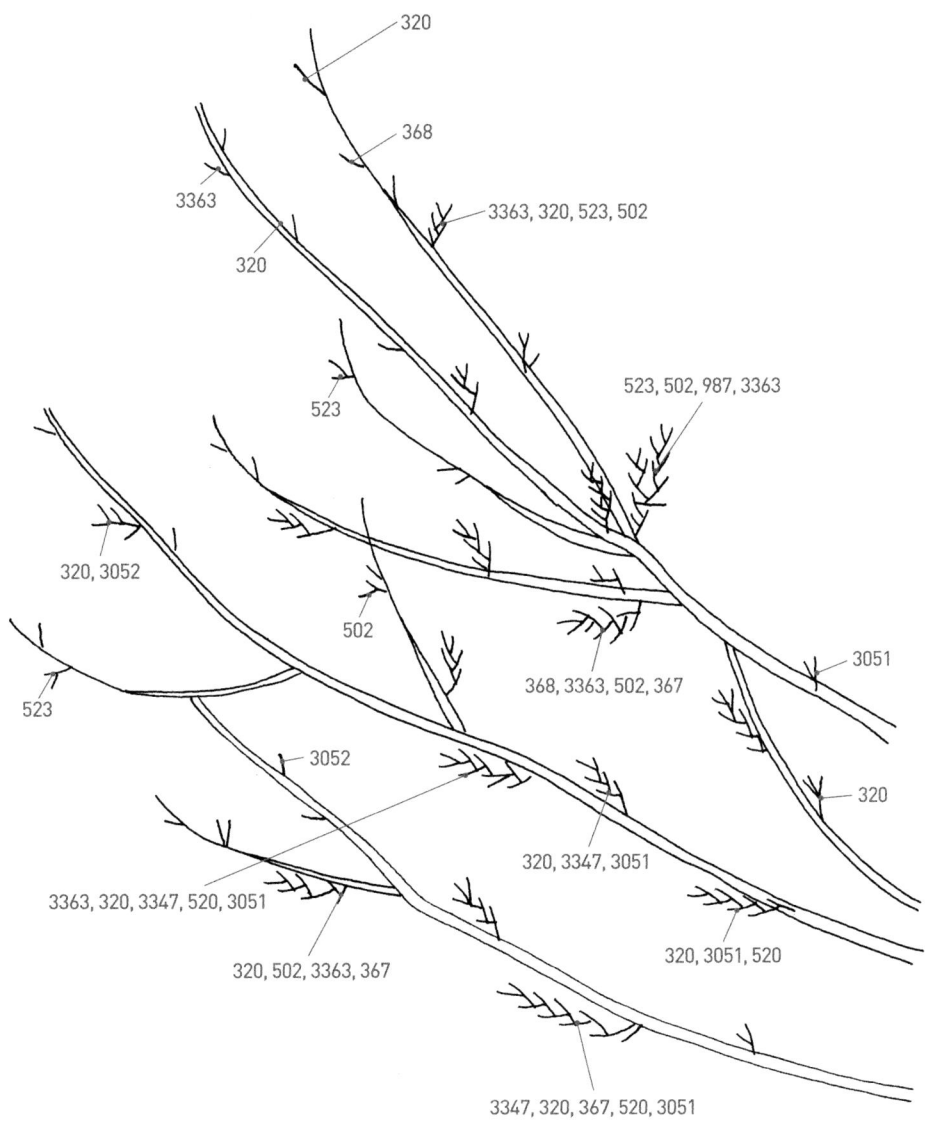

※잎에 사용한 색깔로 나머지 잎을 수놓는다.

꽃술

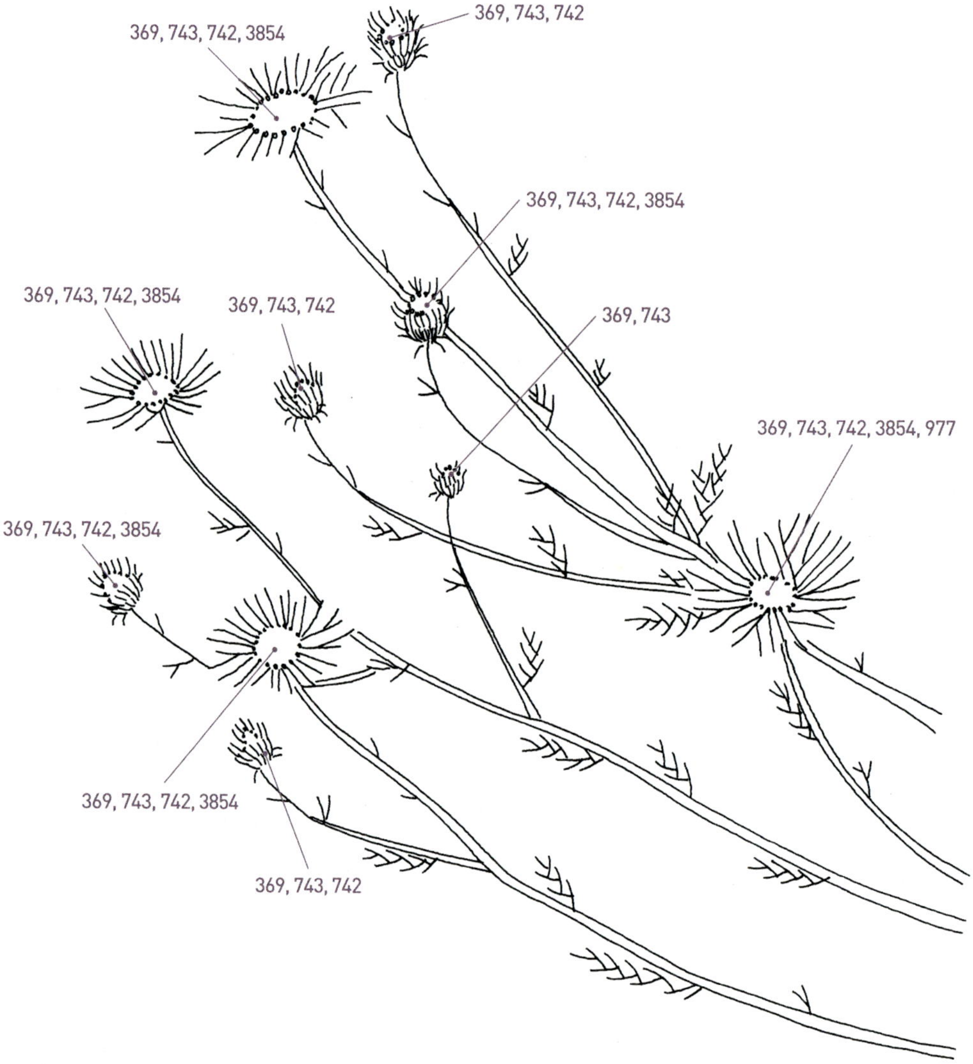

369, 743, 742, 3854
369, 743, 742
369, 743, 742, 3854
369, 743, 742
369, 743, 742, 3854
369, 743, 742, 3854
369, 743
369, 743, 742, 3854, 977
369, 743, 742, 3854
369, 743, 742

꽃봉오리 · 꽃받침 · 꽃

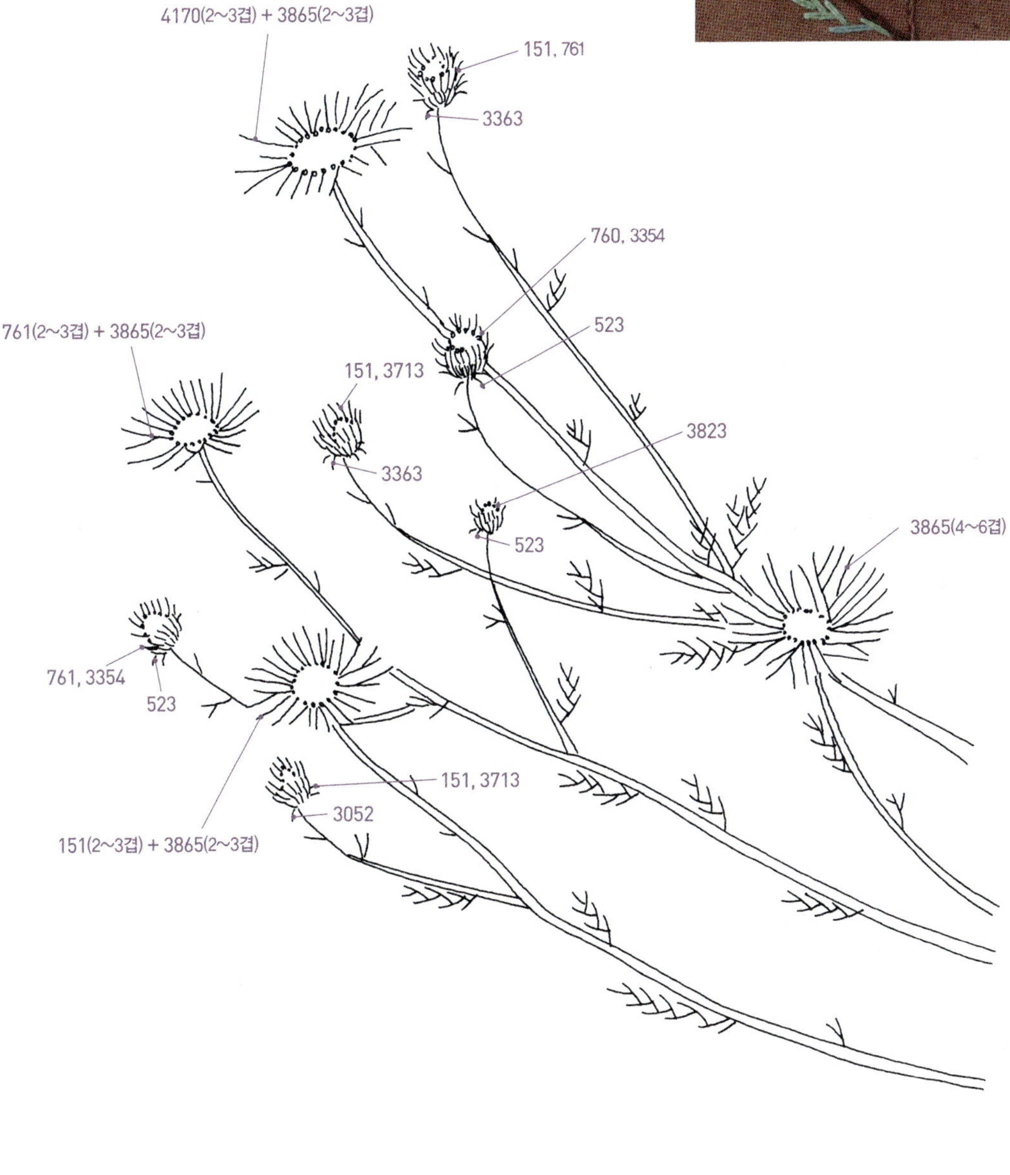

- 4170(2~3겹) + 3865(2~3겹)
- 151, 761
- 3363
- 760, 3354
- 523
- 761(2~3겹) + 3865(2~3겹)
- 151, 3713
- 3363
- 3823
- 523
- 3865(4~6겹)
- 761, 3354
- 523
- 151, 3713
- 3052
- 151(2~3겹) + 3865(2~3겹)

수를 놓다
머물다

우리 꽃 여행을 마치며

우리 꽃을 수놓으며 마음을 가다듬다

처음에는 그저 우리 꽃을 예쁘게 수놓고 싶었고
그 다음에는 어떤 모습일까 상상하며 하루 빨리 완성하고 싶었습니다.
그렇게 자수 실을 고르고 한참을 들여다보며 수를 놓는 동안
이상하게도 마음 한구석이 꿈틀거리기 시작했어요.
동그란 수틀은 마치 나를 들여다보는 거울 같아
마주할 때면 늘 마음을 바로 잡고 단정히 하고 싶었습니다.
그러는 사이 가슴 한쪽에 켜켜이 쌓여 있던 아픈 마음들은
봄 햇살에 눈 녹듯 슬그머니 녹아 내려
우리 꽃을 수놓는 내내 가슴속에는 강물이 흘렀습니다.
꽃으로 만나 꽃으로 기억될 소중한 경험들.

오늘은 하얀 무명에 하늘말나리를 수놓아
작업실 창가에 걸어두어야겠어요.

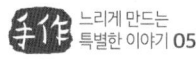
느리게 만드는 특별한 이야기 05

야생화 자수 2
여름·가을에 볼 수 있는 우리 꽃

초판 1쇄 발행 2013년 5월 10일
초판 8쇄 발행 2018년 8월 25일

지은이 김종희
펴낸이 이지은
펴낸곳 팜파스
기획·진행 이진아
편집 정은아
사진 그림스튜디오
일러스트 정은영
디자인 (주)ALL design group
마케팅 정우룡
인쇄 (주)미광원색사

출판등록 2002년 12월 30일 제10-2536호
주소 서울시 마포구 어울마당로5길 18 팜파스빌딩 2층
대표전화 02-335-3681   **팩스** 02-335-3743
홈페이지 www.pampasbook.com | blog.naver.com/pampasbook
이메일 pampas@pampasbook.com

값 18,000원
ISBN 978-89-98537-08-1 13590

ⓒ 2013, 김종희

- 이 책의 일부 내용을 인용하거나 발췌하려면 반드시 저작권자의 동의를 얻어야 합니다.
- 잘못된 책은 바꿔 드립니다.